JN059022

フェミニズムとわたしと油絵

「描かれる女性」から「表現する女性」へ

金谷千慧子

明石書店

はじめに

私は趣味で絵を描いて、余生を過ごしている高齢女性です。いくら大げさに見積もっても芸術家と称する実力などありません。しかし、足腰が衰えながらもキャンバスに向かっているときこそ、「人生最高の時間だ」と思えるのは、幸せなことかなと思っています。子どもの頃からゴッホ一筋でした。大胆な色彩やタッチによって自己の内面や情念を表現したゴッホの作品は、お抱え絵師ではない貧しい生活（絵が売れない）にもかかわらず、自己表現を率直なタッチと大胆な色彩で飾っています。近代の自己表現としての絵画はゴッホから始まると確信しています。あとで振り返るとゴッホにはヌードはほとんどありません。デッサンに少ししか。

私の場合は、合わせて10数年、3人の師に教えを乞いながら油絵と向き合ったことになります。再開してからは10年たちました。毎週の教室では3か月ごとぐらいにヌードモデルが登場しました。他の月は着衣でした。描く対象はすべて女性です。私は人物描写の訓練を経ずにここまできているので、やらねばならない、いいチャンスなのだと思いながらも、一方で内心では、ヌード絵画に対する嫌悪感と闘っていました。それで常にキャンバスをあと2〜3枚持ち込んで、テーマのヌードと他の対象（花の絵が多かった）を同時並行で描いていました。講評が終わるやすぐに、ヌードは着衣に描き変えてしまうことが多かったです。また女性のヌードを描くことが、第一級の絵を描くことなのだという教室の雰囲気にもずっと違和感がありました。見られる女性、被写体にされる女性に対して、描く男性たちの真剣なまなざしにも違和感がありました。しかしモデルの女性たちは、堂々としていて、さながら舞台でオフィーリアを演じているように、楽しげでもありました。

躊躇しながら描き続けた10年ですが、今までの作品は押し入れに入りきらず、生活圏にはみ出してきました。このあたりでもう一度押し入れから取り出して、私の生涯を通して応援していただいた方々の前に出し、報告とお礼の展示をしたいと思いました。

そして、もやもやしたままだったヌード絵画への気持ちにも、少し決着をつけようと小文を書きつけることにしました。私は美術史の研究や、フェミニズム・アートの知識も少なく、読みごたえということでは不十分だと自覚しております。それでもこの機に今までの「趣味の女性画家」の“もやもや”をある程度解決し、躊躇しながらも、もう先に進みたいと思っています。フェミニズム・アートにどのくらい近づけるでしょうか。近づけはしないかもしれませんが、以前からあちこちに書き散らしていた文章も集めて、手を入れて少しまとめてみました。どうかしばらくお付き合いくださいませ。

2023年8月2日

金谷千慧子（84歳誕生日）

目　次

第1章
絵心のはじめ

1. NPO法人の仕事をリタイアして

NPOの仕事も女性学の教師の仕事もリタイアしてからの10年間はほぼ、油絵中心の生活をしています。もともと、油絵が好きでした。絵具をたっぷりと使って（筆は置いて手や指で描いているときもあります)、何回も描き直していくといつのまにか、これが描きたかったという作品が出来上がったりします。そんなときは、「もう朝になってしまったけど、やっぱり油絵はいいな」とハイになっています。自己表現の一つとしての油絵は、何度もやり直しながら、目標に到達できるという点が好きなところです。子どもの頃からこってりとたっぷりの絵具（その頃は水彩絵具しか知りませんでした）を使って、春の樹々の息遣いまでも描き込むのが好きでした。

父親はよく私を写生に連れて行ってくれました。法隆寺や天王寺公園にある大阪市立美術館裏手の慶沢園、どこだったか忘れましたが、山の中の曲がりくねった道などなど……。私の画板を父親がいつも使っていましたから、私も描いていたかどうかあまり覚えていませんが、父の絵を「うまいなー」と感心して眺めていたのは覚えています。水彩画でした。宿題の絵はいつも父親の手が入っていました。そりゃーもう完全に子どもの絵ではありませんでした。いつも貼り出されていました。私はなんともいえない居心地の悪さでした。故郷の小学校を訪ねたとき、もう10年以上もずっと教室に優秀作品として貼り出されていたことがあって、私は思わずはがしてしまったことがありました。裏には私の名前が書いてありました。

父親は北陸の農家の三男坊でしたから、旧制中学校まで出してもらって、あとは都会に放出された身でしたが、村では絵のうまい兄ちゃんとして知られていたそうです。

私が育った地方公務員の家計では、子どもの学費も節約節約で、母親は絵具をあまりたっぷりとは使うなと言いましたし、部活は油絵具を使う美術部はやめてほしいと言いました。お習字だったら練習用の新聞紙を持って行ったらいいのだから、「習字」にしたらどうかとも言いました。その後も習字や水彩画はよく表彰されていましたが、中学校では、抽象画の先生が美術を担当されるようになり、抽象画には違和感があり自分でも敬遠してしまいました。私はデッサンなど基本を学ぶ機会も失ってしまい、それから油絵は20年以上、封印されることになりました。

2. 火事跡に油絵具が

2-1　フェミニズムに触れて

私の人生は物心がついてからほぼ全生涯、「女に生まれて損をした」「なんで男がエライの？」「なんで女は結婚したら損ばかり」などなど、自分が生きていきたい方向を阻むものとしての女性差別をなんとか封じたいという意識に躍起になってきたものでした。家族も最終的には「嫁に行く者が勉強机など要らん。弟は男やから買ってやる」「女が浪人してどうなる」（私は浪人中、家庭教師でそこそこ儲けました）という始末。家族から一刻も早く離れねばならないと思いました。

第二次世界大戦後に男女平等を知り、そして1975年以降の国際的な「女性差別撤廃条約」の流れと燎原（りょうげん）の火のごとく広がったフェミニズムの運動は、私をもう母親の世代に押しとどめることなど決してできないほど女性差別に敏感になっていました。世界中の同じ思いの人たちが私を支え、後押ししてくれているという自信にあふれていました。そしてやるべきことは、まずは「自分の選んだ道を生きる」を実践することでした。特に「私だって稼ぎたい」「尊敬されるような仕事を生涯手放したくない」というのは、何が何でも守りたいことでした。

夫に選んだ人は、頭の中ではまずまず十分フェミニズムを理解している人でした。「私はずっと仕事をしたいと思いますが、そんな女性をどう思いますか」と質問しました。近づいて来る男性にはまず、この質問からでした。半世紀以上も前のことですが、いずれの男性も「結婚したら、子どもができたら、家にいてほしい」「美味しい味噌汁が」などなどと言いました。お話になりません。私はあなたの味噌汁のために、仕事を辞める気など毛頭ないのです。夫に選んだ人は、「家事は半分ずつやろう。保育所で子どもを育てよう。君のやりたいことを僕は応援したい」と言いました。

しかし「私も稼ぎたい」「尊敬されるような仕事を生涯手放したくない」という願望は、実際のところなかなか順調にはいきませんでした。研究者への道も女性はほんとに不利です。大学院生の女性にセクシャル・ハラスメント被害が最も多いとか（渡辺和子・女性学教育ネットワーク編著『キャンパス・セクシュアル・ハラスメント――調査・分析・対策』）、女性を研究者にしようという意識がない教授が多いなか、日本の女性研究者は極端に少なく（研究者に占める女性の割合は日本16.2％：「研究者に占める女性の割合国際比較」男女共同参画白書令和元年版）、世界でも最低レベルです。この道の険しさは数え上げればきりがありません。非常勤講師問題もあります。これは大学教師のパート労働者ですが、これも圧倒的に女性が多いのです。さらに子どもを持ったら、研究を続けるための保育施設も足りません。

それでも懸命に努力を重ねていたある日、それも9月1日（防災の日）、私の過失で（てんぷらで）自宅を焼失させてしまうという大失態を犯してしまったのです。なんとも、かんとも、家族にもご近所にもお詫びのしようがありません。警察調書もとられました。焼け跡は見る影もなく、天井は抜け、水浸しになったすべての家具や衣類が焼けただれて溶け出し、異様な臭いでした。

2-2　悔恨の情、しきり

友人たちには、ほんとに助けられました。その夜寝るところから食事、衣服やタオル、そして次の日からの後片づけ、掃除のスケジュールなど、計画を立てて輪番制で毎日助けてくれました。一昔前の田舎で、「村で火事を出したらそれから三代は裸足で歩かんといかんのだぞ」と父親は私に諭したけれど、今の私に、こんなに温かい応援団がついていてくれると思うとうれしくて、うれしくて涙があふれました。一昔前の田舎だったら……。しかし、家族には申し訳なくて、思い出を全部灰にしてしまったことをどう償ったらいいか、いたたまれない思いでした。「死んでお詫びを」という言葉は、こういうときに出現するのだなとも感じました。その後、次第に火事場の異様な臭いに常に追いかけられるようになり、いつも、いつもこの異臭とともに後悔の念につきまとわれるようになっていました。

火事の跡で最初に探したのはスケジュール帳でした。毎日行く先が違っていた講演漬けの日々、連絡を急がねばなりませんでした。と、そのとき水浸しの中から目の前に転がり出てきたのが油絵具でした。なぜ？　どこにあったの？　と思いながらも、おもわず手に取り、もっともっと油絵を描きたかった頃を思い出しました。生命が湧き上がるような「春」を表現したかったんだったと。私は、今絵を描くことで、乗り切れるかもしれないと思い直してみることにしました。絵具が突然現れて大きく場面転換をしたのでした。

2-3　独立美術会員の堀口千鶴雄画伯を訪ねる

まもなくご近所の独立美術派（堀口千鶴雄画伯）の教室に通うようになりました。会派を選ぶなら独立美術と以前から心に決めていたこともあり、スムーズに溶け込めました。土曜日の夕食後から夜明けまでが絵を描く至福の時間でした。朝になると部屋中に油絵具のシンナーみたいな臭いが広がって頭が痛くなってきます。また衣類のみならず、あちこちが絵具だらけです。家族は嫌がりました。やっぱりアトリエが要るわけなのだと納得しました（しかし最近の絵具は臭いがほぼないのが普通です)。この教室でも高齢の男性が幅をきかせていました。講評に際しても、男性の人数が圧倒的に多いので、女性（私）の発語は無視されスルーされてしまいます。一瞬ざわついた嫌な雰囲気さえもすぐに消えて元通り、すべてはなかったことになってしまいます。東京五輪・パラリンピック組織委員会の会長を務めた森喜朗元首相の女性蔑視発言にあるように「わきまえていらっしゃる」女性だけが場を乱さない限りで存在を許されるという調子です。あまり好きな雰囲気ではありませんでした。大学での男性教師たちを交えた会話でもいつもこのパターンです。

数年間、土曜の深夜画家の時代がありましたが、やがて、土・日曜は本業のほうで、決まってセミナー（キャリアアドバイザー養成講座）を実施するようになり、絵を描くスケジュールはとてもタイトになってきました。東京にも事務所を置くことになり、東京八王子の中央大学と六本木の東京事務所（廃校になった港区三河台中学校跡みなとNPOハウス内）が東京の主たる仕事場でした。私は単身赴任。住まいは六本木4丁目（三河台公園横)。飛行機と新幹線で全国を駆けずりまわっていました。もう、どうにも絵を描く隙間時間さえなくなってきました。しかし毎週描きまくった中で、関西独立美術展に一度入選（雪山30号）しました。

3. 京都精華大学での共同研究「ヨーロッパ・ヌード絵画に見る女性像」

3-1　女性学の教師として

私の非常勤講師歴は、1981年からの京都精華大学が最初でした。「女性と労働」「世界の家族」などという講義でした。人文学部で女性学が始まったのは、京都精華大学が関西では最初の大学です。ここにはフェミニストの藤枝澪子先生（2011年12月逝去）がおられました。藤枝先生は「先生と呼ばないで、藤枝さんでいいのよ」というのが口癖。べ平連（ベトナムに平和を！市民連合）の活動家で、名通訳としても知られていました。藤枝さんの専門は、女性学、ジェンダー研究で、大阪府男女共同参画審議会（会長）をはじめ、1978年以来各地の自治体の女性政策／男女共同参画政策にかかわりました。フェミニズムの教科書ともいえるケイト・ミレット著『性の政治学』は藤枝さんの訳書です。

全国ではお茶の水女子大学が最も早く、1979年に女性学（「婦人問題」という講義名）がスタートしました（女性学研究会編『女性学をつくる』）。

1970年代初頭にアメリカの大学で開講され始めた“Women's Studies”の情報が日本でも集められ、名称も「女性学」という日本語が当てはめられ、国際的な女性解放運動とともにそれを支える基盤としても充実していきました。女性を対象とする、女性のための（女性解放を目指す）、女性による学問という定義（井上輝子「私の考える女性学」『女性学をつくる』所収）が設けられました。女性学は女性解放運動に貢献する必要があり、そのためには一般の人たちが理解でき、自由に使えることが重要なのです。それゆえ学問研究のレベルを高めることも必要ながら、最も重要なのは、教育手法をわかりやすく工夫し、普及することです。女性学の教育手法は多くの女性たちの啓発活動に貢献したと思います。アメリカをはじめとする欧米では、大学だけでなく、コミュニティ・カレッジやアダルト・スクールなどで女性学の基本である「アサーティブ・トレーニング（assertive training：自己主張）」や「コンシャスネス・レイジング（consciousness raising：自分の意識を高く持つ）」が基本コースになっているのがよく理解できます。私は、関西を中心にした「女性学教育ネットワーク」の事務局の仕事を1993年から2000年まで担いました。その活動から生まれた『女性学教育の挑戦――理論と実践』は、大学での女性学だけではなく、女性センターや生涯学習の場での女性学に、特に教育手法が広がってほしいと願って挑戦したものでした。女性学の「研究」という側面だけでなく、女性学の「教育」という独自の手法が多様な場で拡充されるだろうという予感もありました。私は、女性たちの再就職ややり直しの教育の場としての「コミュニティ・カレッジ」が必要だという熱心な提唱者の一人です。

「主婦の再就職センター」の設立、「女性と仕事研究所」の設立などで、私の仕事の幅は、縦や横や斜めにと縦横に広がっていきました。自治体や国（厚生労働省関連）の主婦の再就職の講座の講師だけでなく、自治体の女性政策のコンサルタントや各種審議会の委員などで提言をまとめる役割を担いました。それも関西だけでなく関東地域にも広がっていきました。「女性問題」や「女性と労働問題」の講演の数も上位にランキングされたりして恥ずかしかったことがありました。それだけに2000年ごろから始まった例のバックラッシュには、わけのわからない攻撃を受けました。この件は、また後述します。

3-2　ヌード絵画から女性の描かれ方を見つめる

京都精華大学で「ヨーロッパ・ヌード絵画に見る女性像」という共同研究に参加していました。『全集 美術のなかの裸婦』（全12巻）を図書館から運び出してスライドを作ります（一冊がとても重い）。太古の女性像から始まって、20世紀の「現代の裸婦」から「日本の裸婦」まで、200枚ぐらいのスライドを作成しました。それを1枚ずつ解説文も参考に、自分の意見を述べ合うのです。この研究会の目的は、共同の成果を出す研究のための会というよりも、日々「女性学」を担う教員としての感性を養う学習の場であり、いつでもフェミニズムの原点（ふるさと）に戻れるような場でした。

しかし、はじめの1年間ぐらいはなかなかスライドを凝視できず、ヌードが投げかけるまなざしやその姿態についつい目をそらしがちになっていました。自分の感覚を信じるフェミニズム思潮を身体に刻み込ませ、自分のものにしていく過程でもありました。神話を基にしたヌード絵画には多くの約束事がちりばめられていて、これらは「ヌード絵画」を「いわゆる名画」たるものに仕上げている鍵なのですが、それらの知識の不足で、ヌード絵画の世界は、私には想像できない未知の世界でした。最後まで発言もままならない状態でした。「名画ぶり」の根拠（約束事）がわからない以上は、ヌード絵画はわいせつ絵画と変わらぬ存在としか言いようがありませんでした。自分の「女性学」の授業で『女性解放思想史』（水田玉枝著）などを使い、ヨーロッパのヌード絵画におけるルネッサンスの新しさと古さ、その後の女性に対する抑圧、壊される裸婦、物化される裸婦などの時代的背景を学びながら、ようやく少し理解できるようになりました。この過程は、苦しい時期でしたが、私にはホップ・ステップ・ジャンプの大きなジャンプ期になりました。フェミニズムの知識は書物などで仕入れられても、なおも自分に染み込んでいる伝統への肌感覚を拭い落とすのは大変な作業でした。具体的な肌感覚の一例をあげてみます。

研究会に出ていても夕方になってくると私は家族の夕食ばかりが気がかりでした。なぜ他のメンバーは悠々としているのだろうと思うと、私以外はシングルの研究者で「作るときもあるし、作らないときもあるよ」という返事でした。余裕あるお返事。そうなんですよね。私は家族の夕食作りに日々がんじがらめに縛られていたのです。自分が作らない日があるという状態を想像もできないほど縛られていました。近所の市場（マーケット）の閉まる時間が気にかかり、献立のバランスがとれているか、家族の好みのものが入っているかなどなども気にかかり、猫の食事も必要でした。電車を乗り継いで2時間、駅から自転車で家の近くの市場まで来ると、買った食材を運ぶために自転車をどこに止めておいたら最も近道かを考えるのも気がかりなことの一つでした。

もう一つ、私以外のメンバーは気楽なパンツスタイルなのに、私はいつもスカートでした。どうしても女の服装をチェンジできず、伝統を踏襲していました。でもその後、思い切ってチェンジしてからは、何十年とスカートや和服とは縁を切りました。気楽になりました。

さらにもう一つ。「私の身体は私のもの」という感覚からずいぶん遠いところにいるのを実感していました。自分の身体は「隠すもの」や「どうでもいいもの」。大事なのは精神を重視して、「頑張る」ことで、身体がどうであれ「怠けてはいけない」をモットーにしていたのです。精神と身体の分離状態ですね。フェミニズムは、まず、最初に「私の身体は私のもの」と主張したことも身に染みてよく理解できるようになりました。「自分の身体の声を聞く」という態度ではなく、「やらねばならないことを何が何でも優先する」という毎日でした。

フェミニズムに関する私の感性を育ててくれたこれらヨーロッパ絵画の写真を本文にも掲載したいのですが、諸外国の美術館所蔵が多く、なかなか許可が出ません。最近では、絵画名と美術館名を日本語でインターネットに入力すると絵画の画像が確実に現れるサービスが完成していますので、絵画のタイトルと作者名、制作年と所蔵美術館名を記すことにします（油絵でない場合は技法も）。今回はその方法をとらせていただきます。どうぞお試しください。さらに久保田宏氏に、名画といわれる著名な絵画をイラスト風にiPadで描いていただいて本文に掲載しました。それもどうぞお楽しみください。

3-3　このたび、迷いを突き破る

仕事をリタイアしてから週1回、絵画教室に通うようになりました。絵画教室の情景は、本文の冒頭にも書きましたが、3か月のうちの1か月はヌードモデルが登場するものです。その都度、「ヨーロッパ・ヌード絵画に見る女性像」の研究会がよみがえり、絵筆が止まり、逡巡することしばしば、でした。メンバーは気にかけてくれて、「慣れの問題よ」「慣れたらヌードなんて何の恥ずかしいこともなくなるものだよ」と先輩風を吹かせます。私はどっちつかずの中でさまよっていました。「人体描写の練習の場なのだから裸を忠実に描くことにもっと励まねばならない」、でも、「自分の身体をさらけ出しているようで、いやなものはいや」、「とはいえ、ほかに選択肢はない」、「人の裸より花のほうがよっぽどエロスとロマンがあるのに」などなどと迷いながらヌードモデルとの時間を中途半端に過ごしていました。

これは何だろうか、このままで絵を描いていけるのだろうかという迷いの本質について、このたび、10年を機に少し考えてみました。そしてまとめてみることにしました。フェミニズムの習得で、長年にわたり染みついていた常識と感じていた肌感覚をようやく拭い落とし始めた頃から、描き手になって感じていることを交え、生涯フェミニストのアクティビスト（フェミニズム活動家）として人生を全うするためにどうしたらいいのか、私のフェミニズム・アートについての考えをまとめてみたいと思ったのです。まとまるかどうか自信はありません。しかしもうそろそろ決着をつけて、前に進みたいと思っています（「84歳」がそういうのはおかしいですかね）。

第2章

ヌード絵画から読み解く女性像

1. ルネッサンス期の女性の描かれ方

1-1　男性の解放と女性の従属

ルネッサンス期以前にも、聖書や神話の中の女性を描く絵画は多くあります。宗教に名を借りた忘我の表現と性的な欲望が混り合って、描き手や依頼者、鑑賞者のすべてを恍惚の渦に巻き込めるからです。画題はいつも神話や宗教に名を借りた女性の身体でした。しかし、ルネッサンス期以降は女性の描かれ方に変化が現れます。

近代への夜明けを告げる二大運動とはルネッサンスと宗教改革です。ルネッサンスには外観の華やかさがあります。Renaissance（仏語）が「再生」「復活」などを意味するように、ルネッサンスとは、古典古代（ギリシャ・ローマ）の文化を復興しようとする文化運動のことをいいます。14世紀にイタリアで始まり、やがて文化運動として西欧各国に広まりました。この文化運動としてのルネッサンスには、明るい光の部分はありながら、中世のキリスト教の組織変革をなんら手がけることなく、精神や霊魂の下位に置かれていた肉体・性愛だけを解放の対象にしました。それも、ときの権力者や宮廷、貴族、イタリア諸都市の大商人（メディチ家などといった）などの男性に対してだけ解放したのでした。輝く文化運動の影響で、道徳や宗教を否定した男性たちは、女性の性を男性の性の対象として利用することができるようになった、それだけのことです。絵画にそれが如実に現れているのです。一方、宗教改革は、宗教という仮面をかぶりながらも近代資本主義的営利活動を肯定し、促進する方向性を持っていたといわれます。それは封建制を支えた家父長制度をそのまま資本主義生産方式の基礎につくり変えたからです。宗教改革は近代化の起点であり、また近代の女性抑圧の起点でもあったのです。ルネッサンス期においては、権力者としての男性を営利的活動へ促しましたが、女性は排除されたまま、家に固定されることになってしまいます。しかし、男性には、宗教により禁欲主義に陥らない女性の肉体を求めることを許したのです。ルネッサンス期になると宗教色は影を薄め、女性の裸が大きく解禁されていくのです。ルネッサンス期には、描き手の画家（男性）は、権力者（絵画依頼主）の男性のご意向を汲んで、性的幻想の表象として、意識的に、また無意識的に欲望の表現をヌード絵画として描き続けました。

女神やヴィーナスという名を冠している場合が多くありますが、内実は「ヌード」です。ルネッサンスを代表する3つの名画をまず紹介します。

図2-1 《ウルビーノのヴィーナス》
ティツィアーノ　1538年　ウフィツィ美術館

官能美にあふれた絵画。鑑賞者にも、ヴィーナスは挑発的な視線を投げかけている。ヴィーナスの右手は愛を表す花束を持ち、左手は画面中央に陰部を隠しながらも挑発するかのように置かれ、貞節を意味するイヌはすぐそばで眠って描かれており、その役割を放棄している。背景にメイドが描かれている。この絵画はウルビーノ公爵の依頼によって描かれた。

図2-2 《聖愛と俗愛》
ティツィアーノ　1514年頃　ボルゲーゼ美術館

豪華な白いドレスを着ている女性は地上の物質的愛の化身とされている。右の裸体のヴィーナスは神への愛（純潔と精神性）の象徴とされている。キューピッドが愛の泉をかき回しているのは「結婚」を意味するという。服を着た女性の背後に2羽のウサギがおり、ルネッサンス期では通常は繁殖力または欲望の象徴。裸の女性の背後に馬に乗った2人の男性が、ウサギを狙っている。

1-2　倒錯する聖女と魔女

ルネッサンス期のキリスト教の絵画には、聖女と魔女がしばしば登場します。この女性を2分割する「聖女と魔女の絵」はルネッサンスのどんな社会情勢を表しているのかを見ていくことにします。まず魔女からです。

1600年を中心に、1世紀間というものは、まさしく「魔女旋風」の時代でした。まずはフランスに嵐が巻き起こり、やがて西ヨーロッパ全土を荒らしまわり、17世紀末にその余波を新大陸アメリカに及ぼした後、急速に収まりました。この間、数万、数十万の女性（男性もいた）が魔女として何の罪もなくして、絞殺され、または生きながらに焼き殺されていきました。この迷信と残虐の魔女旋風は、中世の暗黒時代に起こったのではなく、合理主義・人間復活を宣言しているルネッサンスの最盛

図2-3 《ヴィーナスの誕生》
ボッティチェッリ　1483年頃　テンペラ画
ウフィツィ美術館

ギリシャ神話で語られている女神ヴィーナス（アフロディーテ）が、成熟した大人の女性として、海より誕生した様子を描いている。海より出現したヴィーナスは、貝殻の上に立ち、ゼピュロス（西風）に乗って岸へと吹き寄せられている。花で覆われた外套を差し出され、「恥じらいのポーズ」をとっている。この絵画は、ローマ・カトリック教会の教義に従って描かれていた当時の時代にしては異教的であるが、メディチの権力のおかげで、焚火や教会勢力から守られたものである。ギリシャ・ローマ古典時代には、貝は女性性器の暗喩（メタファー）で、うねるような豊かな髪は女性性器を隠す役割をしている。その後は、次第に女性の身体を覆っているものは、薄布まで剝ぎ取ってしまう。16世紀から20世紀に至るヌード女性像には、性毛も描かれなくなっている。しかし現代絵画、21世紀には復活してくる。ヌードは自然の女性像では絶対ない。描き手ないしは依頼主の期待するイメージそのものなのである。女性に何を期待していたのかを思い起こすとぞっとするではないか。

期に吹きまくったということが実に深刻なのです。そのうえ、魔女だと決定される場は「魔女裁判」という裁判の形で行われ、火あぶり、水攻めなどの拷問と残忍な処刑方法が横行しました。これらの裁判にかかわった者こそ，法皇・国王・貴族・大学（神学部・法学部）・裁判官・文化人などの男性たちで、教会と国家、公的な権力者がこぞって女性を貶めていたのです。

なぜ、無実の女性が、焼き殺されねばならないという悲劇がとどまることなく起こってしまったのでしょうか。そのことについてミシュレは、「『自然』が彼女たちを魔女にした」といっています。魔女とされるのは女性に固有の「精髄」とその気質に遠因があるのだと思います。ミシュレの言葉を引用すると、「女性は『妖精』として生まれる。規則正しく反復される気分の高揚をつうじて、女性はシビュラ（預言者）である。また愛によって、彼女は『女魔法使い』である。女性は村の産婆であったり、医者であった」（ジュール・ミシュレ著『魔女（上）』pp.9-10）といっています。

民衆の生活にとって身近な存在であったこれらの女性は、その不可思議な知識や能力を身につけているために、敬われる存在であるとともに、恐れられる存在でもありました。なぜなら、病気を治すことができるのなら、逆に病気や災いを引き起こしたりもできるだろうと考えられたからです。魔女とは、実際には、経験から直観と多くの呪文によって生活のさまざまな場面やいろいろな苦境に際して、忠告を与える術を心得ていた老婆をいいますが、なかでも具体的には、村で「産婆」の役割を果たしていた女性だと見られています。産婆は「魔女」として助産や医療の技術だけでなく、民衆の生活と文化にかかわっていました。このことは民衆の文化を軽視するキリスト教聖職者からは反感をかったことでしょう。産婆は聖職者の敵意をかい、その助産や医療の技術にはやがて悪魔学的解釈がなされることになっていきます。ルネッサンスを経て、いわゆる近代になると、薬学も医学も（産婦人科医さえも）、すべてが魔女とされる女性の手から奪い取られて、男性の職業になっていったではありませんか。近代化という現象には女性が民間医、民間薬剤師から追放されるという悲劇が隠されていました。アメリカのフェミニスト研究者たちは、女性の中世までの村での預言者的・医療者的役割がもとで中世の堕落した宗教により魔女にしたてられ、魔女裁判という欺瞞により、焼き殺されたのだと主張しています。私もこの意見に賛同しています。

ルネッサンス期以前に描かれた魔女は、高貴な姿で堂々と描かれていますが、ルネッサンス期以降は、権威をなくした姿として描かれています。魔女の絵画については次節「魔女として描かれる女性たち」でご紹介します。

続いて聖女のほうですが、まず聖女とはどういう女性のことかというと、聖女はそれぞれの社会において宗教的に敬虔であり、神の恩寵を受けて奇跡を成し遂げたとされた女性、社会（特に弱者）に対して大きく貢献した、高潔な女性を指して呼ぶ言葉です。カトリックにおいて聖女といわれている女性には、殉教者として聖アグネス、聖フィデス、聖バルバラ、聖セシリア、メリダの聖エウラリア、シチリアの聖アガタ、そしてジャンヌ・ダルクなどがあげられます。殉教者とは、キリスト教の場合には、迫害の時代に、自己の信仰のために苦難を受け、命を捨てた人々をいい、その死を殉教といいます。殉教者は、ギリシャ語では本来「証人」を意味し、イエスの生涯とその復活の証人である使徒を指す言葉だったのですが、2世紀以降、迫害が激化するにつれて、意味の転化が起こります。こうして、宗教上の信仰を貫き、そのために迫害されて死ぬことをいうようになりました。殉教は主としてキリスト教やイスラム教のような一神教の世界で発生し、重要視されました。キリスト教の中でも殉教をすぐれた徳行としたのはカトリック教会です。

そもそも宗教は、ともすればエロスを悪徳に変え、好んで肉体を侮辱し、肉の喜びよりも苦しみを称えたといわれるように、宗教による厳しい禁圧は、病的な憎悪を生みます。キリスト教では、鞭で殉教した聖人、拷問にうめく聖女など、苦痛を偏愛する画像があふれています。建前としては、殉教聖女の拷問処刑の絵は、聖女称賛の目的で作成され、異教徒魔女の拷問処刑の絵は、異教徒魔女非難の目的で作成されているはずなのですが、できた絵は、同様の官能味付け残酷絵であり、両者に

図2-4 《聖バルバラの殉教》
マイスター・フランケ　1424年以前
フィンランド国立博物館

豊かな商人の娘であったバルバラはキリストに対して抱いた愛ゆえに父の怒りをかい、裁判に引き出された。

大きな差はありません。現代多数の人がこれらを見て感じるのは、宗教感覚ではなく、視覚的快感（または不快感）だと思います。そして、建前は別として、本音として、当時の絵の作成者が目指し、当時の鑑賞者が享受したのも、称賛や教訓ではなく、視覚的・官能的快感ではなかったのかと思われます。たとえば、図2－4の聖バルバラの拷問の絵などは、まさに、現代のエログロ産業によく見られる構図です。魔女のみならず、聖女さえも権力者の視覚的・官能的快感のための道具でしかなかったのではないでしょうか。

もう一人の聖女ジャンヌ・ダルクの場合を見てみましょう。中世ヨーロッパの宗教史ではジャンヌ・ダルクは聖人です。しかし彼女は当時、火あぶりの刑で処刑されます（1431年5月30日）。ジャンヌ・ダルクはなぜ処刑されたのか。ときは1428年のこと。英仏百年戦争の真っただ中です。英仏百年戦争は1339年9月から100年間も断続的に続いており、このときジャンヌが登場します。ジャンヌは13歳のときに神のお告げを聞いたといいます。「シャルル7世をオルレアンから救い出して王位に即けよ」と。いろいろ逸話はあるものの、この話はジャンヌ自身が処刑裁判のときに述べた記録に残されています。ジャンヌはこれに従い、シャルル7世のもとに向かいます。初めての対面でシャルル7世を見抜いたという逸話は、以下のように伝えられています。ジャンヌは迷うそぶりもなくまっすぐにシャルル7世の前に立ったのです。これにより、シャルル7世はジャンヌ・ダルクを指揮官に加えてオルレアンに向けて救援軍を派遣しました。

1428年、イングランド軍がシャルル7世とアルマニャック派の拠点であるオルレアン市を包囲します。開戦当初はイングランドが優勢、その後ペストの流行でヨーロッパは荒廃し、戦争も一時中断。この頃、人口の3分の1ほどがペストで亡くなったといわれています。ジャンヌ・ダルク率いる援軍がオルレアン市に到着し、イングランド軍に見事勝利。オルレアンの包囲を解きます。これがオルレアンの奇跡です。その後、シャルル7世はフランス国王に即位します。ジャンヌ・ダルクはイングランド軍を追い出そうと戦うのですが、まさかのブルゴーニュ派に捕まりイングランド軍に引き渡されてしまいます。そして、宗教裁判にかけられて火あぶり処刑です。19歳という短い生涯でした。ジャンヌを異端認定できるような発言を引き出せなかった教会が、彼女が読み書きできなかったことを利用して、「私は異端です」と内容を偽った宣誓供述書にサインさせたのが証拠とされます。

この頃、ヤン・フスというチェコ（当時はベーメン）の聖職者が、教会批判を行ったのです。宗教改革前夜ともいうべき、カトリックへの批判です。「なぜ、神の声を聞くのに、聖職者やローマ教会を通さなければならないのか」「聖書にはそんなこと、一つも書かれていないはずだ」。当時、聖書を読むことができたのは聖職者や一部の知識人のみでした。ラテン語で書かれている聖書を、庶民は手にすることはできませんし、もちろん読むこともできません。それをいいことに聖職者たちはやりたい放題なのでは？　それはおかしい、とジョン・ウィクリフもフスも主張したのです。バチカンはフスをだまし討ちにし、1415年に火あぶりの刑で処刑しました。これにフスの支持者たちは怒り、フス戦争につながったのです。これは1436年まで続きます。庶民の間に広がりつつあったこの小さなうねりは、のちのルターによる宗教改革につながっていきます。しかし、ジャンヌ・ダルクにとっては遅すぎた宗教改革でした。ジャンヌ・ダルクは敬虔なカトリック信者です。しかし、一度異端認定され裁判にかけられると、無罪になることはほぼありません。当時の権力者の感覚では、気に入らなかったら「魔女」と認定して火あぶりにしてしまえ、という安易な感覚だったのではないでしょうか。ジャンヌ・ダルクの社会的影響力は大きく、当時の権力者たちが宗教的な観点から悪影響を及ぼしかねないと判断し、ジャンヌ・ダルクを亡き者にしたのです。

百年戦争が終わった後、ジャンヌ・ダルクの名誉回復を求める復権裁判が行われました（1455年）。そしてなんとその翌年、ジャンヌ・ダルクの無実と殉教が宣言され、異端認定が取り消されたのです。彼女はキリスト教徒として復権したのでした。そしてジャンヌ・ダルクの死から約500年後の1909年、ジャンヌ・ダルクは列福（カトリック教会で奇跡を1回起こした福者として認定されること）されます。また、1920年には列聖（奇跡を2回起こした聖人として認定すること）され、聖ジャンヌ・ダルクとなりました。近代に入り混沌とした社会、第一次世界大戦という国と国との総力戦。ジャンヌ・ダルクは次第にフランスの国民統合の象徴と見られ、英雄視されたのです。理不尽な死を遂げたままでなく名誉回復されたのはいいことかもしれませんが、魔女にでも聖人にでも、権力者の意向次第でどちらにでも、女性の運命は決められてしまうのです。

英仏百年戦争はフランスの勝利により終結します。イングランドは、その後、「島国」として生きていくこととなりました。ジャンヌ・ダルクの物語は映画や演劇などで上演されていますが、私が見た映画は1999年製作、リュック・ベッソン監督のフランス映画でした。ジャンヌ・ダルクを演じたのはミラ・ジョヴォヴィッチでした。魔女裁判のようすも詳しく再現されており、痛ましく吐き気がする思いでした。男の服装をしたということで魔女とされていますが、戦いに出るために自らの髪を断ち切る姿のりりしさに感動したのを覚えています。

2. 魔女として描かれる女性たち

2-1　魔女が出現する時代背景

ルネッサンスの絵画には魔女が多く登場します。中世の田舎には魔女が似合うかもしれません。電灯もなく夜は退屈です。昔からの迷信や呪いや妖術は人々の生活と密着したものでした。迷信や妖術と近いところで生きてきたのは女性のほうです。産む性としての女性は、出産、死亡、病気、治療、癒しなどの生や死にかかわるところで、存在感を発揮し、村人たちの支えになり尊敬もされてきました。薬草集めの女性や出産のときに助けてくれる隣人の女性、大家族や親族に病気が生じたときに頼りとなるのも女性でした。手をかざして病気を治したり、悪の魔術を防ぐお守りや、ときには占いや愛の魔術も取り扱いました。恋いの仲介役もしました。魔法使いの老婆は、村人を助けるために魔法を使いました。

2-2　キリスト教の集団ヒステリーがつくりあげた『魔女に与える鉄槌』

キリスト教では、常に女性は男性よりも劣るものとして論じられてきました。しかし実害の伴う迫害の対象として女性が強調されるのは『魔女に与える鉄槌』（通称「魔女教書」）以後のことです。これはドミニコ会に属し、異端審問官であったハインリヒ・クラーマーによって書かれた魔女に関する論文です。『魔女に与える鉄槌』は1486年にストラスブール（Strasbourg）で初めて印刷されたといわれています。印刷技術の発明が魔女の存在を拡大したのです。この書籍の書かれた目的は、ありもしない「魔女」を現実に存在するとして流布させることにありました。魔女の妖術の存在を疑う人々への反論と、妖術の犯人は男より女が多いことを示すこと、および魔女発見の手順とその証明の方法について記すことでした。1484年、教皇インノケンティウス8世は魔女狩りを行うことへのお墨付きを与えることになりました。ここから、血塗られた魔女狩りの時代が開かれたのです。同書は魔女狩りのハンドブックとして読まれ続け、1487年から1520年までの間に13版を数え、1574年から1669年までにさらに16版が印刷されたのです。

『魔女に与える鉄槌』は全3部から構成されています。魔女たるものとしていわれている罪の多くは、客観的に見ても実証できるとしています。

第1部　魔女の定義とその能力に関する問題
（魔女といわれている罪の多くは、客観的に見ても実証できる）
第2部　魔女による悪行の類例。また、魔女と産婆の関係について
第3部　魔女狩り人や魔女裁判の心得と手引き

裁判において認められるものとして「魔女の印」を検査して証拠とするということがありました。その印は魔女の身体のある特別の部分に、悪魔によってつけられたものだということです。ここは針で突いても痛みを感じないのが特徴であるとされます。特に陰部に隠されていると信じられ、その検査には被告の体毛を剃り上げて針を刺す、という、いかにも後世で俗受けしそうなグロテスクな、かつサディスティックな魔女

裁判の光景が展開していきます（牟田和男著『魔女裁判――魔術と民衆のドイツ史』p.89）。

『魔女に与える鉄槌』は『魔女の槌』とも呼ばれていますが、この本の書かれた目的は、妖術の実在に反対するすべての意見を論駁（ろんばく）することにありました。『魔女の槌』の第1部では、異端の中でも最も忌まわしいものとして妖術を定義し、4つの重要な特徴をあげています。1. キリスト教信仰の否認、2. 洗礼前の幼児を悪魔に捧げること、3. 身も心も悪に捧げること、4. 悪魔との性的関係があることを記しています。魔女は、悪魔と契約を結ぶかあるいは悪魔と儀式的な性的交わりを結ぶことにより、悪魔に仕える者となり、悪魔に忠誠を尽くすことになるというのです。

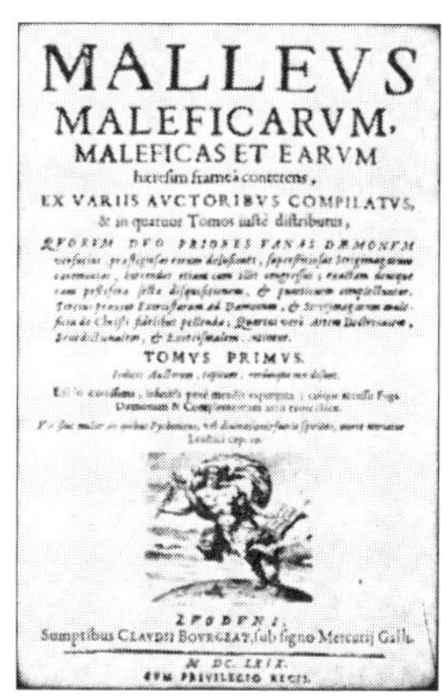
MALLEVS
MALEFICARVM,
MALEFICAS ET EARVM
hæresim frameâ conterens,
EX VARIIS AVCTORIBVS COMPILATVS,
& in quatuor Tomos iustè distributus,
TOMVS PRIMVS.
LVGDVNI,
Sumptibus CLAVDII BOVRGEAT, sub signo Mercurij Galli.
M. DC. LXIX.
CVM PRIVILEGIO REGIS.

『魔女に与える鉄槌』
1669年版表紙
（森島恒雄著『魔女狩り』p.60より）

また、迫害の対象を魔女たる妖術を使う女性に絞っています。『魔女の槌』以前は、悪魔的なものがからんでいたとしても、女性のみが追及されることはなかったのです（魔法使いの民話など）。しかし従来からキリスト教では、女性は男性よりも劣るものとして、常に論じられてきましたし、マリア崇拝が12世紀よりヨーロッパに広まり始めると、マリアの「処女にして母」という処女性により宗教生活のモデルとなり、イブをはじめとするマリア以外の女性は罪深い存在として貶められていくのです。悪と淫乱の権化としてのイブがマリアの正反対の対象です。イブに見られる女性忌避、女性恐怖の念が『魔女の槌』の出版以降は迫害の対象として女性全般に広がっていくのです。女性は男性より迷信に縛られやすいというのです。その理由としては、女性のほうが軽信であり、悪霊はとりわけ信仰を堕落させようとするときに、真っ先に女性を攻撃するのであり、また女性はもともと男性より感受性が強く、別の霊の啓示を受けやすいからだといいます。また女性は、肉欲の情に貪欲であり、自分の情熱を満たすために女性は悪霊と戯れるというのです。

どのような女性がその対象となったのでしょうか。たとえば、薬草集めの女性であったり、出産のときに助けてくれる隣人の女性であったり、大家族や親族に病気が生じたときに頼りとなる母・祖母なのです。手をかざして病気を治したり、悪の魔術を防ぐお守りやその他の手段を講じ、多くの者は占いや愛の魔術も取り扱ったことでしょう。全般的に見て「賢女」と呼ばれていたのは、実際の経験と直観と多くの呪文によって生活のさまざまな場面やいろいろな苦境に際して、忠告を与える術を心得ていた老婆、特に具体的には、「産婆」を指すと見てよいだろうといわれています。民衆の生活にとって身近な存在であったこれらの女性は、その不可思議な知識や能力を身につけているために、敬われる存在であるとともに、恐れられる存在でもありえたのです。なぜなら、病気を治したりできるのなら、逆に病気や災いを引き起こしたりもできるだろうと考えられたからです。実際『魔女の槌』では、とりわけ、このような産婆の存在に対して言及されています。

『魔女に与える鉄槌』は、病的なほどの女性憎悪をまき散らしました。魔女旋風は、ヨーロッパではドイツにおいて最も残忍で大規模に魔女狩りを引き起こしました。この時期のドイツでは、キリスト教社会の大混乱が背景にあります。宗教戦争やルターの宗教改革、異端者の火あぶり、経済的には貨幣経済の振興やインフレ、食糧不足や農民戦争などなど社会不安は心理的パニック状態を起こし、それらは不安を消すためのスケープゴートを探していたのです。それが魔女だったのです。

ミシュレに再び登場願うことにします。「『魔女』はいつの時代から始まるのか。私は、ためらうことなく、それは『絶望の時代からだ』といおう。ローマ教会の世界が産んだ深刻な絶望から生まれたのだ。『魔女』はローマ教会の犯した犯罪である」「化け物じみた思想的倒錯のために、『聖処女』は『聖母』としてよりは、処女として称賛され、現実の女性の地位を高めるどころか、逆にその地位を低めてしまった。人々は純潔の問題をめぐっての煩瑣哲学の道に迷いこみ、ただやたらと末梢的ででたらめな議論にふけるだけのことになった。女性そのものも、さいごには、このおぞましい偏見を持ち、おのれを汚れたものだと思いこんでしまった。女はお産をするために身を隠すようになった。ひとに恋すると顔を赤らめ、ひとに幸福を授けると顔を赤らめるようになった。（中略）その女性が、存在すること、生きること、生活のさまざまの条件を果たすことに、ゆるしを乞うようになったのである。羞恥心のあまり、へりくだった殉教者となった女は、われとわが身に刑罰を加え、ついには、脳髄よりも三倍も神聖で、かつては礼拝の対象であったこの腹部をひとの目から隠し、もともとなかったもののように装い、ほとんど抹殺しようと欲するまでになったが、男性という神様は、この腹から生まれるのだし、永遠に生まれ返るのである」（『魔女（上）』pp.190-191）と。

2-3　魔女がキリスト教を再生させた

ミシュレに3度目の登場を願うことにします。「彼女たちの不屈の憐憫の情で、この宗教を養い、まだ生き続けさせた」といっています。「しかし彼女たちはなんという犠牲を払ったのだろう」とも。この意味は、以下の通りです。力強く活力のあった宗教が、やがて失墜し、病に陥り、中世の暗黒に包まれるや、宗教に魅惑と後光とを与えた女性の素晴らしさを「魔女」という一言ですべて、奪い尽くしてしまったのです。ところが彼女たちは不屈の憐憫の情で、焼き殺されるという犠牲を払いながら、この宗教を再生させ、よみがえらせ、いまだ生き続けさせた、というのです。「全ての宗教について、『女』は母であり、やさしい保護者でありまた忠実な乳母なのだ。神々も人間たちと同じで、彼女の乳房で育てられ、そこに抱かれて死ぬのである」（pp.10-11）ともいっています。

図2−5 《4人の魔女》
デューラー　1497年
銅版画　ゲルマン国立博物館

4人は珠の下で円陣になっている様子で描かれ、開かれた石造りの窓がある部屋で、陰謀を話し合うために集まっている。窓は、死への門である。一方の門には、炎の中にある悪魔の顔が見えており、地獄への入り口を意図している。これは4人の魔女か　4人の売春宿の少女を描いたものだともいわれ、主流とされる解釈は、地獄や死をも招く不和を描いたものとしている。しかし、私はまともな女性の身体が描かれていると思う。

森島恒雄著『魔女狩り』には、以下のような警告が述べられています。「これはきわめて特徴的な事実ではあるまいか。この迷信と残虐の魔女旋風が、中世前期の暗黒時代においてではなく、合理主義とヒューマニズムの旗色あざやかなルネサンスの最盛期において吹きまくったということ、この旋風の目の中に立ってこれを煽り立てた人たちが、無知蒙昧な町民百姓ではなく、歴代の法皇、国王、貴族、当代一流の大学者、裁判官、文化人であったということ、そしていまひとつ、魔女は久遠の昔から、どこの世界にもいたにもかかわらず、このような教会や国家その他の公的権威と権力とが、全国的に網の目を張りめぐらしたこの上なく組織的な魔女裁判によって魔女狩りが行われたのは、キリスト教国以外になく、かつこの時期（1600年をピークとする前後3、4世紀間）に限られていたこと」（p.7）である。

結びの言葉は「『新しい魔女』、これからも創作され、新しい『魔女の

図2-6　《魔女の夜宴(魔女の集会)》
ゴヤ　1790年代
ラサロ・ガルディアーノ美術館

パトロンであったオスーナ公爵の依頼により、マドリード郊外の別荘エル・カプリーチョのベルベンテ夫人（女公爵）の私室の装飾画として制作された。連作群《魔女6連作》の中の一点。

槌』が書かれるかもしれない」。今後とも狂信と政治が結びついたときに現出する世にも恐ろしい光景を、出現させないようにしよう！　という力強いメッセージが胸を打ちます。

3. 聖母マリア像

3-1　「母性の敗北」として描かれた聖母マリア

太古以来、さまざまな宗教は「母性」を礼賛してきました。女性は「母性」において尊敬もされ、また恐れられてきました。男性が女性にかなわない唯一のことは「出産」です。「出産」ゆえにあがめられ、尊厳を不動のものとしてきたといえます。しかしユダヤ教とキリスト教は反対でした。シモーヌ・ド・ボーヴォワールは『第二の性』で、キリスト教では、「女性が変貌させられ、奴隷化されねばならなかったのは、まさに『母性』故のことであった」といっています。「だから、神（キリスト）の処女の母を礼賛することによって、母性を奴隷化する事業は完成していったのです。聖母の処女懐胎というありうべからざる事実を認めることによって、女性の奴隷化の事業が完成しました。そして安心して賛美されるようになったのです。これは処女崇拝によって完成されたキリスト教の最高の勝利であり、現実の女性にとっては完全な敗北といえます」（『決定版 第二の性 I 事実と神話』p.352）。

聖母マリアが処女懐胎でイエスを産むという常識はずれが、なぜ教会では成り立つのでしょうか。キリスト教は父権制であり、教会の指導者には教父また神父など、「父」という名がついています。その指導者たちは世を捨て独身制をとっています。女性がいない教会の中で、男性中心主義の体制では、当たり前のことが起こったといえると思います。女性を遠ざけ続けると女性は遠い存在となります。女性に対して、過度の恐怖感や嫌悪感、逆に憧れが混じり合って、実在ではないイメージがつくられていきます。そういった土壌のもとに、処女「マリア」はつくられていくのです。聖母というのだから、女であり母親であるのですが、しかし処女であり母親であることを無理やり成り立たせるために、「処女懐胎」説が必要だったわけです。わけがわかりません。まったく。

さらにキリスト教では、神は男のあばら骨から女をつくったという説が確立しています。そこから、女は男に従属するという思想が出てきます。男は女から誕生したのではなく、女は男からつくられ、女は男のためにつくられたというのです。根源的なキリスト教の女性蔑視思想がここにあります。そしてここでは、女性に対する過度の恐怖感や嫌悪感、あこがれや虚像が出来上がりますが、それは決して尊敬の対象や男性と平等の実在としての女性でないことは確かです。

マリア崇拝は11世紀から、修道士や聖職者の間で始まり、熱心にマ

図2-7 《受胎告知》
フラ・アンジェリコ　1440年代
フレスコ画　サン・マルコ美術館

聖母マリアと虹色の翼を持つ大天使ガブリエルはともに手を交差している。神への誠意を示すポーズだといわれている。

図2-8 《ムランの聖母子像》
フーケ　1450年頃
アントワープ王立美術館

神の子イエスを産んだ聖母マリアについては、礼拝のための聖母子像が数多く描かれ、画家たちもそこに理想の女性像を表している。授乳を暗示する乳房が、母性の象徴としてよく描かれる。しかし礼拝者へのメッセージとしては性的ないざないとしての「乳房」の強調が多い。母性の敗北を感じさせる。

リアに祈り罪を告白し、マリアの神秘を瞑想したのです。「処女にして母」の処女性により、宗教生活のモデルとなったのです。マリアは、処女性によって男性から崇拝され、修道院の模範となったのです。修道院では性の穢れからまぬがれた処女＝純潔性を魂の救いとしていたからです。その後、一般信徒にもマリア崇拝が広まっていきます。一般信徒はマリアに病や困窮から救ってもらおうと祈りを捧げるようになっていきました。マリア崇拝は、処女聖母マリアが現実の母とまったく違う男性の幻想であるため、よりいっそう、現実の女性に対する蔑視が強化されることになります。

権力を掌握した宗教権力者は、その結果、性もゆがめ続けました（男性同士の性も肯定できず）。聖女と魔女という幻想を生み出し、魔女狩りで女性たちが火あぶりにより犠牲になったのです。

その昔、大地母神（女神）として崇敬されてきた女性は、その聖なる性的快楽と生殖力で崇拝されてきました。しかし出産能力のない男性を中核とする文化では、女性の身体は卑しい欲望と淫欲をいざなうもの（それゆえ魅力的で危険）であるとされ、侮辱され周辺へ追いやられ、マイナスの女性像がつくりあげられていきました。「女」の性は劣等で反知性的な肉体的本性だと固定されていったのです。

性は、宗教・階級・人種・民族とともに、社会秩序を構成し権力関係を築く基本です。性は女性のイメージも生産し表象します。それが大量に生産・消費され、その社会の広範なグループに共有され一般化すると「文化」になるのです。油絵も文化の大きな位置を占めています。ところがこの文化の担い手は男性でした。男性がつくり出し維持してきた仕組みの中で女性は、文化に参加することは不可能でした。女性は表象の中で常に物言わぬ客体になってしまいましたが、実際の女性たちのイメージでないことはいうまでもありません。女性は男性家長の保護・監視のもと、家庭内部で生涯を送る役割を道徳や宗教、法律で固定されてきたのです。家父長制を維持する権力の仕組みの中でつくられてきた歴史は、「男性の歴史」であり、「男性の美術史」「男性の宗教」にすぎません。

3-2　原罪の表象として描かれる「イブ」と「マグダラのマリア」

旧約聖書では、アダムとイブは神の命に背いて「禁断の果実」を口にしてしまったために、楽園を追放されてしまったと書かれています。この場面は人間の「原罪」が生まれた瞬間として多くの宗教画のテーマとなっています。アダムとイブの物語では、蛇はまず女性であるイブを誘惑し、イブが「その実を取って食べ、ともにいた夫アダムにも与えた」ということになっています。そこから女性は欲望に負けやすいという推論がまかり通っているのです。さらに女性の性こそが罪の根源であるという説がまかり通ります。女性に罪の責任を転嫁し、女性自身が卑しいとして罪悪視する女性のイメージがつくられてきました。もう少し注意して聖書をその時代の偏見を持たずに読めばいいのに、その時代の偏狭な判断がはたらいているので、偏狭な解釈になってしまうのでしょう。「女性」蔑視はこうして生まれます。イブこそ楽園からの追放に至らしめた主犯であり、人類全体に苦悩・労苦・死をもたらした張本人として、女性忌避、女性恐怖、女性蔑視の基盤となっています。イブこそ呪われるべき女性モデルなのです。女性をイブの末裔とする女性蔑視は、中世末期までの聖職者や修道士らに伝達され受容されていきました。女性蔑視の伝統を担うのも聖職者でした。

原罪の表象としてのもう一人の女性は「マグダラのマリア」です。定説によると「マグダラのマリアは娼婦だった」とされています。しかし聖書には彼女が娼婦であるという直接の記述はないといいます。それにもかかわらず、キリスト教の闇の歴史の中で、女性は聖母と悪女（娼婦・魔女）としてしか存在を許されず、「マリア」は聖女として、「マグダラのマリア」は悪女に仕立て上げられていきました。

キリスト教の反フェミニズムは、常に反性欲主義と結びついていました。実際、肉（欲望）を呪われたものと見る宗教においては、女性は最も恐ろしい悪魔の誘惑者になるわけです。一方、父権制社会の存続には、家族は必需であり、女性が妻になるということは、女性は男性の財産になるということです。財産は無傷でなければならないわけで、妻は処女として夫の所有財産になります。そして妻には絶対の「貞淑」を要求します。「姦通罪」という法律や慣習で脅してでも妻の「貞淑」を要求するのです。「貞淑」な女性が家庭に隷属する結果の一つとして「売買春」が蔓延します。キリスト教は売春婦をさんざん軽蔑してきましたが、必要悪という形で認めてきました。社会構造としての売買春をつくりあげたのは父権制社会制度であり、個々の売買春においても、供給を生み出すのは男性の需要なのです。しかるに売買春において、男性は法的にも社会的にもなんら恥辱をこうむらない仕組みになっています。

売春婦はルネッサンス期にも多く絵画モデルとして登場しており、女性の典型像がそこに描かれているのは確かなことです。

図2-9 《マグダラのマリア》
ティツィアーノ　1530年代初め
パラティーナ美術館

官能の限りを表現しているではないか。堕落の象徴としての蛇を思わせる豊かな髪で覆われた裸体。観る者を誘惑している図としかとれないのではないか。目の下まで赤くなって、まさに「泣きはらした」状態。『ダ・ヴィンチ・コード』では、ダ・ヴィンチの《最後の晩餐》でキリストの隣（向かって左側）に描かれているのはヨハネではなくマグダラのマリアだと推理している。

ここではティツィアーノの《マグダラのマリア》を紹介します。娼婦であったことを悔い改めたマグダラのマリアは常にキリストと行動をともにし、キリストの死後マリアとともに死の十字架から降ろす場面にも付き添っています。

4. 19世紀を中心とする近代のヌード絵画

4-1　神話から解放された「ヌード」と女性の位置づけ

ケネス・クラークは著書『ザ・ヌード』の最初で、はだか（naked）と裸体像（nude）とを区別して次のようにいっています。「『はだか』であるとは着物をはぎ取られているということであり、そこではたいていの者なら当惑する。これに対して『裸体像』という語は、不快な響きを伴わない。この言葉が投影するイメージは、丸くちぢこまった無防備な身体のそれではなく、均整の取れた、すこやかな、自信に満ちた肉体である。実を言えばこの言葉は、18世紀初頭の批評家たちが、芸術的教養を欠くこの島国（イギリス）の住民に、絵画や彫刻が正当に評価されている国々（フランスやイタリアを指すのか）では、裸の人体が常に芸術の中心に主題となっていることを納得させるために、わがイギリスの語彙にしいて加えたものである」（p.18）。「はだか」は汚い、しかし「ヌード」は美しいのだと説得して、ヌード絵画こそハイ・アート（high art）だという謀り事を遂行したのです。

西洋美術では、ヌード絵画は、ルネッサンス期を出発点に、最も円熟味を見せるのが19世紀後半です。ギリシャ彫刻を見ると、女性像のみでなく、男性像も多いのですが、近代ヨーロッパ美術においては、ヌードは女性の裸のみを対象にするようになります。脱衣の「女」と着衣の「男」の構造が基本です。ここには、脱がされる女の屈辱感を一笑に付

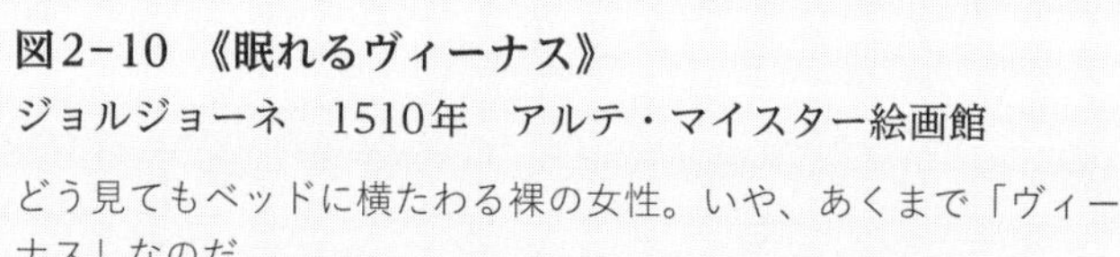

図2-10 《眠れるヴィーナス》
ジョルジョーネ　1510年　アルテ・マイスター絵画館
どう見てもベッドに横たわる裸の女性。いや、あくまで「ヴィーナス」なのだ。

し、男性の性的快楽を掻き立てるためにのみ、女の裸を利用するという男社会の構造が明確になってきます。ヌードとは、男性の性的欲望を掻き立てるための材料にされた女の姿であり、文化的体裁を整えた「嘘」ごとです。

「まがうことなき美しさ」「まろやかな美」「無邪気な愛らしさ」「無垢なまなざし」……女性美を表現しようとする無数の装飾語が、ヌード絵画に動員されます。

ヌード絵画は、「嘘」の衣装をまとって、男性社会が要求する「女のあるべき姿（あってほしい姿）」を表しているにすぎません。

19世紀後半には、性に対する社会の認識が寛容になり、ヌードが「芸術」として表現されても、それを素直に受け入れられるまでに社会は変化しました。画家はもはや、神話の女神だ、ヴィーナスだ、オリエントの架空の女性の裸だなどという言い訳をする必要はなく、題材や裸の理

図2−11　《草上の昼食》
マネ　1863年　オルセー美術館

近代絵画の父などと呼ばれるエドワール・マネが、1863年にサロンに出品したのが本作。サロンには落選し、同年の落選展に出展したが、これが物議をかもした。ちなみにサロンというのは、フランスの格式高い展覧会のこと。神話がテーマではないのに、紳士2人と生身の裸婦、奥のほうに無防備に水浴びをする女性がもう一人。これまでの暗黙のルールを思いっきり無視している。しかしこのルール無視にも、次第に人々は慣れていく。今さら神話を持ち出さなくてもいいんじゃないの、と。

由を気にしなくてよい時代になっていきました。草原に裸体の女性が寝そべった絵を描いても、鑑賞者からの批判を気にする必要がなくなりました。近代絵画は女性のヌードのオンパレードとなりました。

マネは《草上の昼食》の2年後の1865年、《オランピア》という作品をサロンに出品して今度は入選します。また大騒ぎとなりました。「オランピア」は当時の高級娼婦にありがちな名前だったといいます。神話に名を借りた、言い訳のヌードではなく、生身のヌードが描かれ、サロンでも受け入れられるようになったのです。もうヌードの描き放題の体制が出来上がっていきました。

図2-12 《オランピア》
マネ　1863年　オルセー美術館

堂々と（恥ずかしげもなく）観客に目をやっているオランピア。娼館のベッドで陰部に手をやりながら全身を見せている。その後ろには黒人のメイドが客人からの花束を掲げている。オランピアは短髪で、花飾りをしている。

図2-13 《ガニュメデスの略奪》
ルーベンス　1636〜38年
プラド美術館

ルーベンス最晩年の作。スペイン国王フェリペ4世の注文で作成された。レイプも絵のテーマになるとはネ。

図2-14 《トルコ風呂》
アングル　1862年　ルーブル美術館

ハーレムの女性を題材にした本作では、一糸まとわぬ女性が所狭しと描かれている。この時代の特徴は、豊満な体型にツルツル・ヌメヌメとした肌。ただし、アングルにとってはリアルな身体表現より、女性の曲線美をいかに操るかが最大の関心事だったようだ。アングル82歳、最晩年の作品である。当初は長方形だったが、1863年にアングル自らにより現在の円形に変更された。

4-2 「ヌード」絵画に見る女性の分断

フランス革命後に軍人ナポレオン・ボナパルトが登場しました。ナポレオンは1804年、終身第一大統領として、フランス共和国の皇帝に即位し、「フランス共和国第一帝政」が誕生しました。フランスはこの「第一帝政」期の産業革命を経て、近代都市国家として生まれ変わっていました。近代化は、都市として光の当たる部分だけでなく、その裏側に歓楽街の喧騒や娼館、場末のバーなど光の当たらない部分を同時に生み出していきました。フランス・パリは、近代絵画の主要な発祥地ですが、このパリでは、マネの《オランピア》（1863年）からピカソの《アヴィニョンの娘たち》（1907年）に至るまでの時代、もう“言い訳”が不必要になり足枷が取れ、画家たちは現在生きているありのままの女性の裸体を描き続け、ヌード絵画の全盛期をつくりあげていきました。

パリの中でもパリ市の外側に位置しているモンマルトルがヌード絵画の中心地でした。モンマルトルの都市化が進むのは、19世紀の中頃からといわれています。それまでは雑木林や採石場、多数の風車があったそうです。その後モンマルトルは居酒屋やダンスホールなどが軒を連ねる歓楽街として活気づきます。古くからブドウ園があり、ワイン造りも行われていたモンマルトルは、酒類がパリ市内より安く楽しめる場所として多くの人が集まりました。モンマルトルは娯楽施設とともに栄える夜の街になりました。なかでもムーラン・ルージュをはじめとするキャバレーは大変人気を博し、歌や音楽、ダンスとワインとともにモンマルトルの夜を華やかに彩りました。こうした歓楽街の女性が画題となりやすかったことと、ここでは当時家賃が安かったことがあって、多くの画家が移り住んできました。モンマルトルは一躍、画家の街ともなったのです。画家だけでなく、ミュージシャンも詩人もジャーナリストも加わってきました。新しい芸術のインスピレーションがあふれていたのです。私もあこがれていた「モンマルトルの丘」へ観光客として訪れました。キャンバスを立てて絵を描きながら販売している人が多くいました。ほんとに狭い一角なのに、かつてはピカソなど著名な画家のアトリエが立ち並んでいました。

ルノワールやロートレックはモンマルトルの文化を享受しながら、独特の画風で風俗を描いた画家でした。ロートレックは自らも常連であったムーラン・ルージュなどモンマルトルのキャバレーのポスターを多く手がけたことで有名です。その他、ドガやピサロ、ゴッホ、ユトリロ、デュフィ、モディリアーニなどもここにアトリエを構えました。

近代社会は女性を2つに分断します。近代都市空間には歓楽街での生活に身を投じて自由奔放に生きようとする女性たち、もう一つの場面では働く市民とその家庭の妻たちがいました。市民の家庭における女性のドメスティックな領域を最初に中心に据えたオランダのフェルメールは、絵画にドメスティックな主題や様子を描くようになりました。モディリアーニもそうですね。この期の有名な画家としてマティス、モネ、ルノワール、ゴッホ、マネ、ゴーギャン、ドラン、ヴラマンク、などなど、私たちが一般的に知る印象派・後期印象派の画家たちが勢ぞろいしています。

4-3　職業モデルで「エロティシズム」を自在に描く時代

19世紀後半の象徴的存在、高級娼婦は1830年代から社会の表舞台に現れ始めました。職業モデルによる「女性ヌード」は19世紀のフランスのサロンの支配的なジャンルになっていたといわれます。このジャンルは、ヌードを描くという単純な目的しか持っておらず、その他の意味は可能な限り排除されます。主題はエロティシズムそのものであり、その女性が現実に持っている社会的なつながりや人間性は断ち切られます。多くは無防備に寝室や寝具に寝かされています。そうです。無防備で何の抵抗もしない女性の姿がヌード絵画には必要なのです。性毛さえも描かれなくなります。無防備性を害することになるのでしょうか。19世紀半ばになると、「かわいい女」という新しい裸の美の理想が確立されますが、このタイプの特殊な女性像は、ロココ絵画を代表するフランソワ・ブーシェによって完成されます。ブーシェはかわいさを描くことにより、女性は無防備で、子どものように無邪気だと伝え、観客にも羞恥心を覚えさせることなく、裸体の姿を楽しませようとしたのです。

西洋美術は、なぜかくもヌードにこだわるのでしょうか。絵画でも彫刻においても、古来ヌードは主要なテーマであり続けてきました。宗教的・社会的な規範が強い西洋では、裸の表現に手を出すには、それなり

図2-15 《裸のマハ》
ゴヤ　1800年頃　プラド美術館

18世紀末に描かれた本作は、西洋史上初のヘアヌードを描いた記念碑的かつ先駆的な一枚。男性器は大昔から彫刻でもしっかりと彫られてきたのに、女性器や体毛が表現されることはいっさいない。ちなみに、古代において体毛は男女ともに嫌われており、剃毛してオイルを塗ってツルツルにするのがよしとされていた。

図2-16 《波の中の女》
クールベ　1868年
メトロポリタン美術館

裸婦が海に横たわり、両腕を挙げて上半身を見せつけている図である。決して写実的な作品とはいえず、不自然な妄想による作品ではないのか。

図2-17　《ネヴァモア》
ゴーギャン　1897年　コートールド美術研究所

レアリスムの流れはマネやゴーギャンらに引き継がれ、女性ヌードは多様化していく。タヒチの女性の野生的な美を描いたゴーギャンの一連の作品は有名。

の理由づけが必要で、理論武装は洗練されていきました。しかし、実際のところ、ヌードを正当化する言説はたいてい空虚です。大っぴらにはいえないシンプルな理由を、必死に覆い隠そうとしているのが見え見えです。そうして裸体を描くためなら、どんな名目や言い訳だって仕立て上げてきたのでした。「これは裸を描きたかったわけじゃなくて、神話の有名な一場面なのである」「何もまとわぬ人体（特に女性の）こそ美の極致。芸術追求のためには裸体を描かねば」というレトリックになっています。ヌードとは、性的関心を形にする表現のことです。「我々が表現において扱っているのは、美的観点から人体を眺めたヌード（nude）であって、着衣が剝ぎ取られた単なる裸を指すネイキッド（naked）とはまったく別物なのだ」（ケネス・クラーク著『ザ・ヌード』p.18）などなどといった言い訳をしながらです。本当は、リアルな裸をとにかく描き、見たい！　性的な衝動を抑えがたい！　ただそれだけのことなのではないでしょうか。それを「美」と表現することにどれだけの意味があるのでしょう。ほんとに美しいでしょうか。「美しい」という、これも抜け道探しの一つなのではないでしょうか。裸がほんとに美しいでしょうか。そうとも思えませんが。女性を裸にして妄想のもとに見つめ続ける、そのことによって女性を貶めていることにも、気づいているはずです。好き勝手な妄想にふけりながら、女性を貶めることが欲望だったのではないでしょうか。ただそれだけのことなのではないでしょうか。

5. 女の身体の破壊と20世紀のヌード絵画

5-1 ピカソの《アヴィニョンの娘たち》から始まった

20世紀美術の出発点としては、ピカソの《アヴィニョンの娘たち》があげられます。この作品では、描かれている裸体の女性、果物、背景などの前後関係はあいまいで、すべてが同一平面上に並べられています。そしてピカソ以降、表現方法すら解体されてしまったために、鑑賞者にとっては主題の理解すら難しくなりました。20世紀美術では、いかなる表現も社会に受け入れられるようになりました。性を取り扱う表現も、どんどん自由になっていきました。欧米のアーティストの間だけではない、性の表現への偏見が残るアジア諸国でも、20世紀美術では性に向き合い、かなりきわどい表現までもされるようになってきました。20世紀の時代には、エロティシズムがあふれています。テレビやインターネット、雑誌、広告にまでヌード写真、卑猥さを感じさせる表現、画像が使われています。もちろん普通の浮世絵と春画のように、性的興奮を満たす目的でつくられるものとそうではないものの違いははっきりとしていますが、現在では、芸術の場のつくり手がこっそりとエロティシズムを表現する場ではなくなったのです。

図2-18 《アヴィニョンの娘たち》
ピカソ　1907年　ニューヨーク近代美術館

アヴィニョンは、スペイン・バルセロナのアヴィニョン通りのことで、そこの売春宿の5人の売春婦を描いている。当初のタイトルは「アヴィニョンの売春婦」だったが、あまりにも刺激的だということでタイトルが変更になった。ピカソがアフリカ彫刻に興味を持ち始めた頃の作品。平面に角度を変えていくつもの場面を描く手法（キュビスム）は、その後のピカソの特徴となり、近代美術に大きな影響を与えた。しかし描かれている側からすると、好き勝手に破壊されているといえる。

5-2　ダダイズム（ニヒリズム）とシュルレアリスム（無意識）

20世紀のヌード絵画は、壊され、まったくグロテスクです。正視できないほどに引き裂かれて、ちぎられてゆがんでいます。19世紀の近代ヌード絵画は完璧なまでに女性美の表現体として完成させたかと思いきや、20世紀になると、それがことごとく覆されていきました。いわゆる西洋画の基本画法たる遠近法などもまったく考慮されずに、観る者を狼狽させ、混乱させ、そして不快感を招くもの以外のなにものでもないような作品が現れてくるのです。

なぜこうまでも、絵の中の裸体が破壊され、物化され、疎外されていったのかについては、第一次世界大戦後の20世紀の前半（1918〜25年頃）、主にヨーロッパやアメリカで起こったダダイズムとシュルレアリスムという芸術運動が大きく影響しているといわれます。その根底にある思想は、今までの価値の否定であり、それを詩や芸術を通して体現しようとした総合的な芸術運動でした。それは、第一次世界大戦の戦火を逃れてチューリッヒに集まっていた数名の芸術家たちによって始まりました。よく比較されるダダイズムとシュルレアリスムですが、ダダイズムは、「今までの価値観の否定」「意味の破壊」「破壊の芸術」「ニヒリズム」と定義されます。シュルレアリスムは「創造の芸術」「無意識」と定義されますが、その特徴としては、まず、精神科医ジークムント・フロイトの精神分析学の影響を深く受けています。フロイトの潜在意識とリビドーの理論、精神病患者の知覚などを取り入れています。無意識、夢、催眠なども重視します。

世界を舞台にした人類史上初めての大戦争。彼らはその原因の本質が、ヨーロッパの文化的な価値観や既成概念にあると考えました。そういう諸悪の根源となるものをあらゆる表現手段を使って否定し、思いっきり破壊しようとして、絵画の対象たるヌード（女性の身体）に向かったのです。ダダイズムのエネルギーは、ちょうど同じ時期にベルリン、パリ、ニューヨーク、東京で起きていた美術運動と呼応し、世界に広がる一大ムーブメントとなりました。ヌードを題材にしたシュルレアリストの作品としては、ダリの《引き出しのあるミロのヴィーナス》や、マグリットの《誇大妄想狂》、ベルメールの《人形》などが有名です。シュルレアリストたちは、病理的な性心理の持ち主であったことは確かなようだと若桑みどりさんはいいます（『美術のなかの裸婦』第10巻p.12）。確かにエロスは彼らにとって最も根源的なものではあり、描かれているすべてはセックスを暗示しているのですが、性の対象としては描かれておらず、ただただ眺められているだけの存在なのです、と。

どういうことかというと、それまでなら生き生きと生存していた太古からの女性像が、20世紀のシュルレアリスムのもとでは、恣意的に女性の裸体に攻撃を加え、裸体は壊されて死体と化してしまったといっているのです。

これらのダダイズムとシュルレアリスム下のヌードは、一般の観客にはとても難しい作品というわけではなく、まったく芸術ではないかもしれないのです。人体そのものをゆがめて描くという手法は従来からもありましたが、構造そのものを完全に分解し去ってしまうというのは、20世紀になって初めて出現します。たとえば小便器に色づけをしたオブジェが出てきても、それを芸術だとかいえるのでしょうか。女性の頭がカットされていたり、女性の身体が切り刻まれて、引き出しが備え付けられたり、マネキンのように作成された人体が、部品のようにあちこち取り外せるようになっていたり、人間を生きたものとして取り扱ってはいないような気がします。人類への冒瀆です。

産業革命を経て、今の私たちの社会は人間を機械化し、モノとして見ることに慣れてきています。女性が機械化、物化されてもあまり違和感なしに見ていられるのでしょう。女性が部品化され、腕や足や胴体がねじで止められているような絵がしばしば見られます。女体の部品が間違えて取り付けてある場合もあります。1936年制作のダリの《引き出しのあるミロのヴィーナス》は、立ち姿のヴィーナスのおでこや乳房、腹部、膝にまで引き出しが取り付けてあるのです。《ミロのヴィーナス》ではありません。家具そのものです。この期のヌード絵画はもはや人間扱いをされていません。人間ではなく機械や物の中に取り残された孤独な存在です。シュルレアリストの描く人体は恐ろしくグロテスクです。彼らの描く人体は一つとして通常の意味でのノーマルなものはありません。これがはたして美術といえるのでしょうか。私は激しく美の否定だと思っています。

5-3 「破壊され」「物化され」た裸体像の復元は？

20世紀のヌード絵画の女性像は、もはや人間扱いされていません。人間でなく機械や物として扱われる存在です。人体の断片、部品です。フロイトに触発されて、意識と無意識の間を自由に飛び越えます。また論理より非論理がふさわしいと主張する彼らの絵画は、彼らの欲望の世界をただただ漂っているだけです。彼らの欲望はさまざまに変形され、結局意味のない変形した人体を描いていることになります。彼らにとって最も根源的なものを描いているのであって、描かれているすべてはセックスを暗示しています。しかし、性の対象としては描かれておらず、ただただ眺められているだけのセックス的存在として無機質に描かれています。そのことが、観る者に不快感を与え、絶望や孤独を感じさせます。それまでの時代の絵画であれば、生き生きと生存していた裸体として描かれていましたが、20世紀のシュルレアリスムのもとでは、恣意的な女性の裸体への攻撃と破壊によって死体と化してしまったのです。若桑みどりさんが『美術のなかの裸婦』（第11巻pp.9〜13）で「ヴィーナスの死」という表現方法を使っているのは、以上のような意味です。

若桑さんは「ヴィーナスの死」という結論に以下の項目で説明を加えています。「甘美なる死体」「オブジェとしての女」「内なるオブジェとして」です。「『甘美なる』『死体』、これはダダイズムとシュルレアリスト、あるいはすべての人間の性心理に潜む加虐的欲望を具現している」とも評しています。そして20世紀の裸婦を死に絶えた「ヴィーナス」と表現しているのは、ずいぶんショキングな言葉を使っているようですが、実際のところ、見るに堪えない、見たくない不快感があります。こうして死に絶えた「ヴィーナス」を弔っています。

さらに若桑さんは、20世紀の裸婦を、以下の4点で分析しています。これまたショキングなタイトルですが、「壊された裸婦」「物化された裸婦」「疎外された裸婦」「変貌した人体」という項目です。そしてこれらの死に絶えた裸婦、「ヴィーナス」が、原初へ回帰する可能性はありうるのかに関しては、今までの歴史において、真の復元がなされたことはなかったし、今後も不可能であろうと悲観的な結論を述べています。私もとても難しいことだと思います。しかし、新しく20世紀中頃から始まったフェミニズム・アートのムーブメントが動かしていく先には、「壊され」「疎外された」人体の原初へ回帰があると信じたいです。そう期待します。

ここまで「破壊され、物化された裸婦」「疎外された人間」「変貌した人体」としての女性像は、この後どう変化していくのでしょうか。

第二次世界大戦後、母国で戦争を闘わなかったアメリカを中心に絵画の世界でも変化が起きます。美術の中心的流れがアメリカに移動し始めます。さらにアメリカでは、1960年頃から始まった女性たちのフェミニズム運動や黒人解放を主張する「公民権運動」「ベトナム反戦運動」などが絵画の世界に多大なる影響を与えて変化の時代を迎えます。

そしてもう次の時代には、裸体（ヌード）が美術の主要テーマであるということはなくなるはずだと思います。

第3章
フェミニズムがアートを変える

1. フェミニズム・アートの時代を迎えて

1-1　フェミニズム・アートとは

フェミニズムという言葉を聞くと、みなさんはどんなイメージを持たれますか。相変わらずちょっと怖いなんてイメージがまだ残っているかもしれません。しかしかえって、新しくてちょっとかっこいいものという感覚もあるかもしれません。フェミニズムやフェミニズム・アートの定義をしないままにここまで進んできてしまいました。あらためて、フェミニズムがアートを変えるというテーマを始めるにあたって、フェミニズムの定義をしようと思います。

フェミニズムとは、性差別や女性への抑圧に抵抗し、女性の地位の向上に努めるあらゆる運動や実践を含む言葉です。今なお、多くの女性は、女性だからという理由で、何かをあきらめてしまったり、沈黙しなければならなかったり、一歩引いてしまうという経験をしているのではないでしょうか。自分の主張や行動を自粛して取り下げてしまい、自分以外の人を優遇してしまって、「私には運がなかった」「私にはそれほどの能力がない」とあきらめてしまいます。運がなかったのではない、能力が不足していたのでもない、ただその場を引き下がってしまったのです。女性がこうした引き下がりやすい状況に置かれがちな政治・社会・経済構造が背景にあるからなのです。

そのことを明確に言い当てているのが、「The personal is political」というフェミニズムを代表するスローガンです。個人的なことは政治的なことだ、ということです。さらに具体的にいうと、個人的な苦しさや不満と日頃の生活の中で格闘しつつ、その背景・根底に「女らしさ」というものが社会の中にがっちりと構造化されているのを探り当て、読み解いていくことが重要だということです。あきらめの中に閉じこもるのではなく、変革に向かってチャレンジする勇気と新たなエネルギーを持つことこそが解決の道だということです。決してあきらめることなく、覚醒と行動の連鎖を繰り返しながら、私たちは鍛えられ、深められ、豊かになっていきます。その過程を重視した言葉です。フェミニズム運動は、新たな発見をし、行動に移り、さらにエネルギーをつくり出し、社会変革につなげていく仕事なのです。

アメリカで女性が表現する主体として、自らの視覚イメージを追求する芸術活動に本格的にかかわっていくのは、やはり1960年代からのウーマン・リブ運動と連動してのことです。既存の芸術においては、女性は男性の芸術の世界観が投影されたオブジェとして存在したにすぎませんが、フェミニズム・アートでは男性の視線から解放されて、女性がイメージの構築を試みてきたのです。

芸術・アートの世界での社会変革には、女性自らが描くだけでなく、女性画家を育てる教育制度、批評する人の育成、美術展示施設の建設や支援する資金などなど、さまざまな対策や措置、取り組みが必要なのです。それらを着実に進めてきたのがアメリカにおけるフェミニズム・アートの担い手たちでした。まずは、フェミニズム・アート以前の時代では、女性の画家が生まれにくかった背景を探っていくことにします。

みなさんが「偉大な芸術家」と聞いて、思いつく人は誰でしょうか？当然のように男性の芸術家の名が浮かんだのではないでしょうか。ピカソ、ゴッホ、ラファエロ、ルノワールなどは、高校の美術の教科書ですっかりおなじみの男性画家ですね。展覧会も多く開催されますので誰もが知っていることでしょう。ところがその一方で、モナリザにしろ、ルノワールの豊満なヌード像にしろ、真珠の耳飾りの少女でも、モデルは女性が圧倒的に多いのです。絵の中には女性が多く登場するのに描き手としての「芸術家」というと女性の名があがらないのはなぜでしょうか？

実はこの質問は、アメリカの女性美術史家リンダ・ノックリンが1971年に発表した論文が元になっています。彼女は「なぜ偉大な女性アーティストはいなかったのか」と問いを立て、その答えとして「いないのではない、記録されてこなかったのだ」と結論づけました。

絵を描く人も、展覧会の絵を選定する人も、それを記録する人も、出版する人も、美術の評論をする人も、美術をとりまくすべては男性中心に動いてきたからだと論じているのです。女性の芸術家が紹介される場合でも、男性芸術家のアシスタント的な存在と見る習慣があります。その場合には一人前扱いをされず記録には残らないわけです。

たとえばカミーユ・クローデルは、彫刻家としてほとばしる芸術魂を持ち、優秀な作品を制作していましたが、彫刻家ロダンの「愛人」とか、「妻」とかの位置づけをされ、制作者というより男性の愛の対象としてしか語られてきませんでした。ロダンの有名な彫刻《接吻》は、カミーユがモデルで2人の共同制作といえるものです。カミーユは芸術と私生活の両面でロダンを支えてきたにもかかわらず、ロダンからも家族からも精神病人扱いされ、後半の人生は精神病棟からは出してもらえず、そこで死を迎えてしまいます。裏切られた形となったカミーユは、心の支えを完全に失い、統合失調症を発症します。

このような状況では、女性の芸術家が公式な形で、記録されることはほとんどなかったのです。女性の芸術家がいなかったような錯覚を、多くの人に与えてしまうのではないでしょうか。カミーユについては映画にもなりました（『カミーユ・クローデル』フランス映画、1988年）。

美術の世界は、男性至上主義的な面が多く見られます。実際に女性は絵画のスキルを学ぶ教育機関に参加できる機会になかなか恵まれなかったこともあります。かろうじて父親に理解がある場合に、美術の教育機関に参加できる程度でした。カミーユの場合もそうでした。女性が美術教育に参加できない背景に、美術教育ではヌードの練習が中心であるので、そこに女性が入るのは不適切であるという意見が幅をきかせていたことがありました。そのような実態から女性芸術家が記録上、少ないという結果になってしまったのです。

先にも芸術・アートの改革に必要なことを述べましたが、女性も芸術で主人公になるには、女性自らが描き手となることが重要であるのは当然ですが、女性画家を育てる教育制度、芸術そのものを批評する人材の育成、美術展示施設の増設やそれらを支援する資金などなど、さまざまな改革が必要です。さらに、従来存在しなかった女性の視点からの美術史研究、女性のための美術教育プログラムの実践、男性中心であった美術界での女性の作品発表の場の確保、女性によるギャラリー運営など多岐にわたる活動が必要です。その中で西洋美術史全体の再点検も行われ、記録されていない隠れた女性芸術家たちの再発見も行われるのです。

これらの再点検過程で女性が多く担ってきたキルト芸術、織物芸術なども評価されるに至ったということがありました。前述したカミーユ・クローデルについては、1980年代以降、その再評価が進むにつれて、ロダンとカミーユは分かちがたく、密接不可分の存在だったことが認識されてきました。そしてパリのロダン美術館には、ロダン自身の意志で、カミーユの作品のための展示スペースが設けられて（1952年から展示）、現在ではカミーユ抜きでロダンを語るということは不可能ということになっています。

1-2　アメリカのフェミニズム運動

フェミニズムの運動はまずアメリカから起こりました。そしてフェミニズム・アートの運動もアメリカから始まりました。そこで、フェミニズム・アートに入る前に、まずはアメリカのフェミニズム運動の歴史から始めたいと思います。

1920年、アメリカの女性は選挙権・被選挙権を獲得しました（選挙権だけではワイオミング州で1869年に獲得）。長い闘いの末の成果でした。女性運動の目標が達成されて、これで女性の政治的不平等のみでなく、他の分野の不平等も解決されるようにも思われました。あとは個々人の努力次第と考えられたのでした。

その後40年間、次々と改革への着手はあったものの（1921年以降毎年、「Equal Rights Amendment：男女平等憲法修正条項」の議会への提出など）、女性運動はやや下火になりました。第二次世界大戦中には、男性に代わって社会で仕事をする体験もしました。戦後は、高等教育を受けて子どもを産み育てるのが女の役割という風潮の中で、女性たちは家庭へ帰っていきました。

しかし1960年になると新しい運動が始まります。1963年、ベティ・フリーダンは『女らしさの神話』（邦題『新しい女性の創造』）を著しました。この一冊が世界中の女性たちに受け入れられ、やがて国連の女性差別撤廃条約の流れをつくっていきます。この本の主たる主張は、「高等教育を受けた女性が、子どもと家に縛られていることには満足できない」「夫にとっての妻、子どもにとっての母という伝統的な性別役割に女性を閉じ込め、それを『女らしさ』として見せかけの生き方を女性に強いてきたのは間違いである」というのです。女性たちは「女らしさ」ではなく、「自分らしさ」を取り戻すべきなのだという主張です。主婦としての役割や「女らしさ」は神話なのだ、という発言に多くの女性たちが賛同の声を上げました。実際のところは、働くといっても、女性には低賃金の労働しかないし、離婚すれば経済的に苦しいなど、個人の努力だけではどうにもならない壁が立ちふさがっていたのです。

ベティ・フリーダンは、1966年、全米女性機構（NOW）を設立し会長に就任。政府に女性の地位向上、雇用機会、賃金、昇進をめぐる男女差別の解消、人工妊娠中絶の自由化などを呼びかけました。世界の女性たちの意識変革へ直接的に働きかける原動力となったのです。

アメリカの働く場では、裁判闘争も積極的に行われ、1963年には男女同一賃金法を勝ち取りました。また男女別の求人広告も廃止されました（1972年）。この時期、最も大きな論争になったのは中絶自由化の問題でした。中絶の自由がないということは、自分の身体が自分の自由にならないということです。女のからだは女のもの、中絶は女の権利である、という運動が活発になっていきます。そして1973年、女性たちの闘いの力もあり、中絶は合法であるという最高裁判決を獲得したのでした。しかし半世紀を経て、2022年6月24日、アメリカ連邦最高裁は、1973年の中絶を合法とするこの「ロー対ウェイド」判決を覆す判断を示しました。今後のアメリカ政治の中心的課題となるはずです。

「女のからだは女のもの」、こんな当たり前のことが、今まで当たり前ではなかったのだと気づいた女性たちは、女の身体をモノ扱いするポルノやミス・コンテストに反対し、男性社会の中で奪われてきた自分の身体と意識を次第に取り戻し始めたのです。ボストンの女性たち（ボストン女の健康の本集団）は、1973年に『私たちのからだ、私たち自身（*Our Bodies, Ourselves*）』（*OBOS*）という健康の本を出版しました。

黒人であり女性であるという二重の重荷を背負った黒人女性は、初期には女性解放より黒人解放のほうが重要と考えることが多かったのですが、やがて黒人女性に固有の差別問題を解決するために組織的な活動が必要だという結論に達し、1973年には、全米黒人フェミニスト組織（NBFO）が結成され、全米の黒人女性のネットワークを広げていきました。

フェミニズム運動は、仕事や労働条件の平等をも含めた女性の生き方全体を問う運動ですが、このことが女性と文化の側面にも大きな影響を与えたのは確かです。女性の解放とは、法律や政治も含めた文化の中で女性がどのように扱われているかを見直し、新たな文化を創造することなのですから、マスコミなども含めて、教育や学問、文学、音楽、美術など社会のあらゆる分野に及んだのは当然のことでした。

フェミニズムは国境を越え、世界中に広がっていきました。国連では女性の差別の実態を無視できなくなり、1975年を国際婦人年とし、以後10年の間に女性差別を撤廃するよう加盟国に義務を課しました。そ

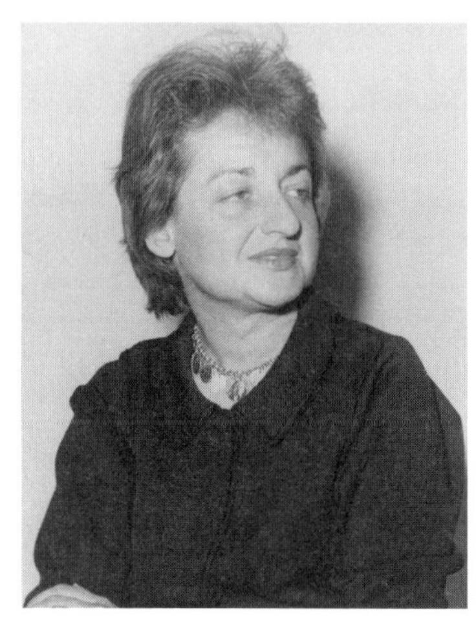

ベティ・フリーダン
(Wikimedia Commonsより)

の10年の中間年にあたる1975年、「平等・開発・平和」をテーマとした第1回世界女性会議がメキシコシティで開かれ、性差別や女性に対する暴力や性的虐待に関心を持つ女性たちが世界中から集まりました。以後5〜10年ごとに開催され、第2回（1980年）はコペンハーゲン、第3回（1985年）ナイロビ、第4回（1995年）北京、2000年には国連特別総会「女性2000年会議」がアメリカのニューヨークで開催されました。2005年には韓国ソウルの梨花女子大学校において第9回世界女性会議（国際学際女性会議）が開かれました。1981年からは世界の地域別に3年ごとに開催され、9回目はアジアでの初めての開催でした。いずれの大会においてもアメリカからの参加者は、けたはずれにといってもいいほど多く、全世界にアメリカのフェミニズムの影響がいかに広く及んでいるかに目を見張る思いでした。

1-3　フェミニズム・アートのパイオニア

1970年代になると、男女平等への闘いは芸術分野にもどんどん拡大し、ますます多くの女性たちが美術アカデミーに入学するようになりました。1960年代・70年代のアメリカのフェミニズム・アーティストのパイオニアとして3人の女性画家を紹介したいと思います。まずその1人はジュディ・シカゴです。2人目は、ジョージア・オキーフ、最後の1人は、アメリカのフェミニズム・アートに深くかかわった日本人の草間彌生さんです。

●ジュディ・シカゴ（1939年生まれ）

ジュディ・シカゴは一人前の芸術家になるために相当の苦労をしたと告白しています。当時の常識では、「一人前の芸術家」になるためには、男性の手法を受け入れ、男性の世界の一員にならなければなりません。それでもプロフェッショナルな生活が始まると、女性がアーティストになることに対して、男性の抵抗はひどくなる一方なのです。企業における女性管理職・女性役員の誕生に男性たちからの抵抗があるのと同じ傾向ですね。

今ある芸術コミュニティが「男性の芸術」しか理解できないのなら、「女性の芸術」を理解する芸術コミュニティを育てるしかないと考えたシカゴは、美術系の女子学生の指導にあたり、その中で彼女たちの意識変革を手がけました。

シカゴは、女性だけが参加できるフェミニズム・アートの授業をアメリカで初めて行いました。その授業は男性との距離を保つために、メインのキャンパスとは離れた場所で行われました。主体的な自己の確立なくして、自己表現である芸術作品などできないからです。シカゴは、自己確立のある女性のコミュニティをつくって、もう自分の作品が男性に認められるかどうか心配する必要などなくなりました。そして、インスタレーション《ディナー・パーティ》の制作にかかります。《ディナー・パーティ》（1974～79年）が目指したものは、「女たちと女たちの芸術に対する尊厳を確立し、女たちの体験を表現する新しい芸術をつくりあげ、その芸術を多くの人たちに見てもらう方法を見つけること」であり、それを伝統的に女性とかかわりの深かった技術（絵付けと刺繍）によって語ることでした。

《ディナー・パーティ》（ブルックリン美術館所蔵）は、伝統的な女性の役割であった食事と食卓の用意をするという女性の歴史を表現しており、また一人ひとりの皿には偉大な活躍をした女性の肖像画が描かれています。テーブルマットには、あらゆる伝統的手法を使って刺繍がほどこされてあります。さらに、描かれた蝶々は女性性器が表現されているようにも見えます。これは女性の性を見直すためのシカゴの一貫した主張でした。

この作品の制作には5年の歳月を要し、延べ2000人に及ぶ人たちとの共同作業でもありました。また、この作品はディナー・テーブルを四角形から正三角形に変えることで、新たな女性のエンパワメントのアイデアを強調しています。

シカゴはその後、カリフォルニア芸術大学の教師となり、ロサンゼルスで「Women's house：女たちの家」を設立し、美術のみならず、本屋、印刷、女性運動の活動のためのスペースをつくりました。シカゴは女性差別がまだまだ強い時代に、アートを通してそのような現状を変えようとしてきたことがわかります。シカゴは、社会的な女性の権利を主張しつつ、彼女も自身のアイデンティティとは何なのかに悩まされ、作品のテーマも考え抜いたのだろうと思います。

●ジョージア・オキーフ（1887〜1986年）

ジョージア・オキーフは、70年にも及ぶ長い画歴の中で、ほとんど風景、花、そして動物の骨だけをテーマとして描き続けました。なかでもオキーフの名を一躍有名にした作品は、画面いっぱいに拡大して花の絵を描いた作品群や、牛の頭蓋骨をイコンのように威厳を込めて描いた作品群です。自然を抽象化して色彩を探求する彼女の先駆的なアプローチが大成功を収め、一躍有名になりました。

アメリカで（世界的に見ても）抽象画を描き始めた最初期の画家の一人であり、基本的には具象的モチーフにこだわりつつも、ときおり抽象画も手がけ、精密派の画家として生涯にわたって抽象への関心を抱き続けました。90歳になって視力が衰え始めましたが、「私には描きたいものが見える。創作意欲を掻き立てるものがまだここにはある」と言って描き続けました。日本のフェミニズム・アーティストといわれる草間彌生をニューヨークに招いて絵画活動の支援をしたことでも知られています。

●草間彌生（1929年生まれ）

草間彌生は、画集に載っていたジョージア・オキーフの絵に影響を受け、手紙を出したところ、オキーフ本人から直筆の返事をもらったことがアメリカ行きのきっかけとなったということです。のちにオキーフは、ニューヨークで生活に困窮していた草間の援助のために、自身の唯一の画商だったイーディス・ハーバートを紹介します。

草間は、幼い頃から悩まされていた幻覚や幻聴から逃れるために、それらの幻覚・幻聴を絵にし始めました。1957（昭和32）年に渡米すると絵画や立体作品の制作だけではなく、ハプニングと称される過激なパフォーマンスを実行し、1960年代には「前衛の女王」の異名をとりました。また平和・反戦運動にも携わっています。

どの時代の草間作品にも共通するのは、愛、平和、生と死、宇宙といったテーマが時間や空間を超えて普遍的であることです。そしてそれぞれの作品は直接的かつ直感的で、観る者にダイレクトに訴えかける力強さがあります。「草間彌生美術館」（東京都新宿区弁天町）が2017年10月1日に開設されました。

1-4　フェミニズム・アートによる地殻変動

リンダ・ノックリンは「なぜ偉大な女性アーティストはいなかったのか」という問いへの回答として、記録されずに消されてしまっていたという他に、もう一つ、「女性たちは、芸術家になるための施設と教育に欠けていた」といっています。女性は美術学校への入学はほとんど不可能であり、伝統的にヌードをキャンバスや彫刻にとらえられることは、芸術における高い達成度を表すとされていましたが、女性はヌード画の授業には参加できませんでした。女性が裸の身体を見るのは不適切だと考えられていたからです。その結果、女性は、芸術の高い達成度には届かないとして、プロフェッショナルではない「装飾」芸術に注意を集中しなければならなかったのです。

1970年代になると、フェミニズム運動は芸術分野にもどんどん拡大し、ますます多くの女性たちが美術アカデミーに入学するようになりました。これらの女性芸術家のほとんどは、もはや伝統的な男性芸術家のようにヌードを描くのではなく、技術を学びながらも、女性の感性による方法で描く手法を探し出し、伝統に挑戦する方法を見つけ出していきました。

美術教育に参加していった女性たちは、今度は、女性が作品を展示・発表する機会が奪われていることに気づきます。彼女たちはどこで展示したらよいかという差し迫った問題にぶつかりました。そこで展覧会を女性によって企画・運営しようという動きに発展していきます。ニューヨーク近代美術館（MoMA）は、1984年大改築を終え「現代絵画・彫刻の国際概覧展」を開催しましたが、この展覧会に出展したニューヨークの女性アーティストの数が、169人中13人（7.6％）とあまりに少なったため、それに怒ったさまざまな美術家グループがMoMAに対して抗議運動を展開しました。

この抗議運動の中心になったのが、ゲリラ・ガールズです。

ゴリラのお面をかぶり、美術界の性差別と人種差別と闘う匿名の集団です。次頁の図は「メトロポリタン美術館には、女性は裸にならないと入れないのか」というポスターです。

また、メトロポリタン美術館の近代美術の部門にある作品の全アーティストのうち、女性は5％以下です。しかし全ヌードのうち85％は女性であるというのが実態です。

このように、女性に展示の場が保障されないという課題に対して、現在の美術館の他にもう一つ別のスペースを自分たちのギャラリーとして

ゲリラ・ガールズのポスター
（Guerrilla Girls, *Confessions of the Guerrilla Girls*, p.8 より）

設立しようという動きへと発展していきます。そしてこの動きは、次により理論的課題へと進化し、芸術のイデオロギーそのものを問う動きへとつながっていきました。フェミニズムの思想によって「女らしさ」そのものに疑問を持ち、その神話を解体し始めたのです。作品の客観性や質というアートそのものを支えてきた男性の考える「美の神話」を問い直し、新たに多様なアートをつくり出す闘いへと発展していきます。

1-5　フェミニズム・アートとアメリカ美術の発展

再度フェミニズム・アートを定義すると、「女性が表現する主体となって、自らの視覚イメージを追求する芸術」であり、「新たな美術の地平を再構築するものである」といえます。既存の芸術においては、女性は、男性の芸術家の画題の対象であり、主体とはなりえず、男性の性的欲望の対象として表象されてきました。だから絵画に表された世界観も男性によって投影されたオブジェとして、女性は存在してきたのです。しかし、フェミニズム・アートでは、男性の視線から解放され、女性によって表象されるイメージの再構築が試みられているのです。

フェミニズム・アート運動は1960年代からのウーマン・リブ運動に連動して登場し、特にアメリカで活発に展開され、アメリカが流れの中心になっていきました。そのためアメリカでは絵画・芸術活動全般においても、ヨーロッパ型絵画からの脱却と自立という動きが活発になっているのです。アメリカではヨーロッパの美術先進国の想像をはるかに超える規模とスピードで、美術のつくり手を育て、かつ支えると同時に、美術の受け手を育てるための環境も形成されてきました。

女性たちは、従来の美術館の展示には女性の画家の数があまりにも少ないことに抗議しながら、女性のために展示スペースを自らつくりあげていきました。また、全国的なネットワークをつくり、フェミニズム・アートプログラムなどにより、アーティストへの意識変革と美術教育をしてきました。ミニコミや雑誌の創刊、フェミニズムの視点からの美術史の出版、美術史学会などへのフェミニズムの導入などを次々に実行していきました。

さらに男女の性差別問題だけでなく、黒人アーティストの課題について「ブラック・アーティストの解放を求める女性・学生・アーティストたち」を結成し、アート界の性差別や人種差別と闘う姿勢を明確に出しました。そして美術史界に女性の視点を導入することで西洋美術史を再点検し、過去の隠れた女性芸術家たちに光を当て、女性文化遺産の発掘にも貢献してきました。芸術界の不平等を解明し、女性を含んだ新しい基準を誕生させてきました。またフェミニズム・アート運動は、新しいメディアと新しい視点を導入しながら芸術の定義を拡大してきました。単に美術史を「補完する」ことにとどまらず、美術史を「新たに書き直す」ことになるという認識になってきています。

私たちは永らく、性別役割分業を当たり前とする社会に暮らしてきました。そこでは女性のアーティストは幽霊のようなものとしてその存在を消されてきましたが、フェミニストたちが、女性アーティストを掘り起こし、現代と歴史上の女性アーティストを幅広く紹介しました。さらにそれだけにとどまらず、フェミニズム・アート運動は、表現領域のみでなく、前述のような女性の視点からの美術批評や美術史研究、女性のための美術教育プログラムの実践、男性中心であった美術界での作品発表の場の獲得、女たちによるギャラリー運営など多岐にわたって広がっています。1975年、バーバラ・デミングはフェミニスト芸術家の仕事を支援するために女性基金を創設しました。バーバラ・デミング記念基金（Barbara Deming Memorial Fund）と称されています。

2021年には、エポックメイキングな出来事がありました。アメリカで最も歴史のある美術館・美術学校（フィラデルフィアのペンシルベニア美術アカデミー、1805年設立）で、これまでのフェミニズム・アートの成果を集大成した展覧会が開催されました。女性画家の大収蔵展を行ったのです。アメリカの女性参政権実現から100年を記念したものです。この美術館では従来から女性画家の作品の収集に力を入れてきました。そして2021年のこの展覧会のテーマは、「スペースを奪うこと――現代女性フェミニズムとアーティストとスケールのポリテックス」展と名づけられました。女性画家はキャリアのスタート地点に立とうとするとき自分の居場所がないことを思い知らされます。女性画家のためのスペースは用意されていないのです。存在するのは男性用のスペースとして用意されているものなのです。そこで、新たにスペースを確保すること、奪うことが女性画家にとって何よりの課題だったのです。

私は就職活動で同じ思いをしました。私の若い頃の話ですが、大学への就職は男性が基本、そのうえ結婚している男性ならなんとかしてやるのは当たり前で、女性なんて二の次、三の次という態度が明白でした。絶望感に襲われたものです。

さて、元へ戻ります。この展覧会ではフェミニスト52組の作品が紹介されました。アメリカのフェミニズム・アーティストたちの居場所を確保するのだという心意気を感じられる出来事です。

アメリカ美術は、今後ともあらためてアメリカ的なるものの再考を促されていくことになるのだと思います。アメリカ的なるものとは、従来ヨーロッパ美術のキーワードとされてきた写実主義か抽象主義、などといった美術の枠組みの中のものではなく、美術をとりまく現実社会が大きな影響を与え、美術の枠組みに大変化を起こしていく社会的現象のことです。美術が社会問題の影響を受け多様性を取り戻していくということです。これはもちろん女性たちの従来の美術界への異議申し立てがあり、それによって変化した結果ですが、さらに、1950年代からの公民権運動や中絶問題、今後ますますシビアになる「ブラック・ライブズ・マター」運動などがその要素になると思います。

アメリカの黒人差別問題はアメリカの歴史そのものといえます。黒人奴隷制度は、16世紀のスペインから始まります。アフリカ大陸から黒人を連行し、プランテーション（単一作物の大規模農園）の労働力として使い始めたのです。その働かせ方が奴隷制度なのです。その後、オランダ・イギリス・フランスなどが参入し、多くの黒人たちが南北アメリカに連れてこられました。特に南部では綿花プランテーションが盛んで奴隷労働に依存した農業生産をしていました。南北戦争が勃発する以前（1861年より前）、アメリカ北部と南部では、経済構造が大きく違いました。北部は急激な工業化が進み発展途上の真っただ中でした。1863年1月1日、南北戦争の激烈な戦いが3年目に突入したとき、エイブラハム・リンカーン大統領は「奴隷解放宣言」を出します。そして、奴隷制度はアメリカからなくなったことになりました。奴隷解放宣言は、ニューヨーク、ワシントンDCをはじめ、各地で歓迎されました。しかし宣言が現実のものとなるには、さらにさらに多くの闘いが必要でした。黒人の人権がさらに保障されるには、丸100年たった1960年代の公民権運動までかかります。アメリカで、1950年代から60年代にかけて、黒人差別の撤廃を求める公民権運動を率いたキング牧師の活躍が大きなエポックとなりました。「私には夢がある」と語った演説で知られ、その生涯は、人種の平等と貧困の解消を追い求めたものでした。しかし、「私には夢がある」の課題は解消するどころか、ますます深刻化しています。法律ができても差別の実態はなかなか変わることがないというのは、世界中、どこでも同じことかもしれませんが、差別は制度の変化だけで解決するものではないというのは、差別は人々の心の問題として深く、深く刻まれているからなのです。

「ブラック・ライブズ・マター（Black Lives Matter）」運動のそもそもの発端は2012年2月フロリダ州で起こったトレイボン・マーティン射殺事件です。そして2020年5月、ミネソタ州でジョージ・フロイドさんが白人警官に首を圧迫され殺害された事件をきっかけに、従来から続いていた黒人差別、人種差別に対する抵抗・反対運動はさらに拡大しました。今まで頻繁に起こっていた黒人が警官に射殺されるという一連の事件に対する抵抗運動にかかわらず、それでも差別がなくならないことに「絶望的な怒り」が加わったものだと思います。「#Black Lives Matter」はこれらの事件を受けてさらにネット上で拡散し、その名前を冠した抗議運動がアメリカ全土にとどまらず、世界各地で行われるようになりました。

「Black Lives Matter」は直訳すると「黒人の命は大切」となりますが、21世紀の現代においても黒人には、「人の命は大切である」という極めて当たり前の事実が当たり前にはなっていないことを露わにする言葉です。

「ブラック・ライブズ・マター」運動は、黒人だけの運動にとどまらず、白人も女性や若年層も取り込んで拡大しています。黒人に対する人種差別撤廃を目指す運動は、1964年に公民権法が成立してからも、草の根運動として全米各地で抗議活動が続けられてきました。SNSの発達によってこうした運動がより「見える化」され、その担い手が増加したことが運動拡大の背景にあるといえます。

しかし、こうした闘いの成果にもかかわらず、変わらないものがあります。それは、差別問題を考えるうえで最も本質的なもの、「ステレオタイプ化されたイメージ」です。黒人に対するステレオタイプ化されたイメージは、今も「劣等人種」「性的旺盛」「麻薬の売人」「麻薬常用者」、そして「犯罪者」といった、黒人に対する暴力を許容する下地になるようなイメージです。そのネガティブなイメージの払拭には、芸術・アートの果たす役割は極めて大きいのではないでしょうか。アメリカ的なものの定着というのは、人種差別問題の今までのイメージを払拭し、新しいものに変えていくことではないかと思います。

ここでいう芸術におけるアメリカ的なものには、「フェミニズム・アーティストたちの居場所を確保する課題」とともに、黒人の「命は大切である」というテーマがきっと中心に据えられるものだと思います。新しく置き換わっていくことだろうと思います。一言でいえば、美術概念の多極化や多様化がアメリカのアートのアメリカ的なるものの特徴になるのでしょう。

この多様性は芸術活動拠点の多極化にも現れ、1970年代以降ニューヨーク以外の地方を中心とした芸術活動が盛んになりました。これは1960年代に連邦政府の芸術助成機関、全米芸術基金（NEA）が設立され、地方を拠点としたアメリカの土着的・多元主義的な芸術活動が促進されたことが大きく影響しています。ロサンゼルス、サンフランシスコ、シカゴ、ワシントンDC、ボストンなど強力な芸術活動拠点が生まれ、主流派とは必ずしも一致しないテーマ、スタイルも生み出されています。

たとえば誰でも理解できるポップアートや、伝統的な技術や素材に回帰する傾向を持つハンド・ペインティングなどは、より多くのアメリカ人に受け入れられました。1980代以降は特に、暴力、死、性や人種、ジェンダーなどの社会問題を扱ったものが目立つようになり、多様な価値観を受容するアメリカ社会を反映して、美術の現状も多様な様相を呈してきています。

芸術というものは、普遍的な美や真理を実現するものではなく、どうしても権力者や力のある者の価値観やメンタリティを反映し、その強化と再生産に奉仕するものであることはこれまでの歴史が証明しています。肌の色だけでなく人種についても芸術は公平ではありません。芸術も政治的なものなのです。それだけに、19世紀ヨーロッパ社会における芸術至上主義的なアート観が染みついた「芸術」という言葉を使って議論するのは、それを壊そうとしている多様性の主張者にとっては大変困難なことです。それを意識しながらも「アート」という新しい言語を使いながらも今なお定着している「芸術」にも立ち返らざるをえないことが、これからも多々あるでしょう。

忙中、ここでちょっと道草

コロナ禍の影響もあり、外国の美術館に出かけたのは、2019年1月のニューヨークが直近のことになりますが、そのときにも思ったことは、西洋美術と「ヌード絵画の実際」について考えるためには、アメリカ美術を抜きにしてはいけないな、ということでした。ちょうど1月の第三月曜日は「マーティン・ルーサー・キング・Jr DAY」ということもあったのでしょうが、公民権運動の先駆的なリーダーで1964年にノーベル平和賞を受賞したキング牧師（前述）を称える催しの中で、黒人文化や舞踏、光やアフリカ音楽などの総合芸術化が、21世紀の時代に計り知れないほど大きな影響を与えていると感じました。さらにいえば、もうヌード中心のFine Artの時代は、終焉を迎えているのだなということ、そして女性たちのフェミニズム・アートの活動に呼応して、アメリカ美術が中心的位置を占め始め、そこにあらためてアメリカ的なるものの再考が促されているのだと思いました。フェミニズムがアートを変えるといえそうだと実感しました。

1-6　最近のピカソ事情

2023年はピカソの没後50周年。世界中でピカソの特別展が計画されています。ピカソ礼賛一色になるのかと思いきや、そうでもなさそうなのです。ピカソに対する厳しい批判が浮上しているのです。ピカソと女性モデルの暴力的遍歴は激しいものがありました。フェルナンド、エヴァ・グエル、オルガ・コクローヴァ、マリー・テレーズ・ワルテル、ドラ・マール、フランソワーズ・ジロー、ジャクリーヌ・ロックのうち、正式に結婚したのは2人（オルガ・コクローヴァとジャクリーヌ・ロック）だけ。フランソワーズはピカソとの間に2人の子どもを産みながら、ピカソの性的虐待癖と浮気癖で子どもを連れて離れました。2番目の妻のジャクリーヌはピカソの死後、ピストル自殺。4番目の愛人も自殺。女性たちはピカソに翻弄され、別れた後は悲惨な人生を送りました。

ピカソ研究者の間で、作品だけでなくその背景の女性関係から作品を再検討する必要があるという指摘が近年高まっています。特に「# Me Too」（ミートゥー）運動の発展により、セクハラや性的暴行などの性犯罪被害の体験を告白・共有する際にSNSで使用されるハッシュタグ（#）をつけ、「私も被害者である」という意味で発信するこの運動の広がりが、ピカソ研究にも大きく影響を与えています。

ピカソのモデル女性たちの悲惨な人生の研究が進められ、女性の人権を著しく蹂躙した男として歴史に刻もうという動きがあるのです。ピカソは、ギリシャ神話の首から上が雄牛で体が人間というミノタウロスを自分の分身として作品によく描いています。ミノタウロスは好色、暴力、罪悪を擬人化したものと考えられています。ピカソは巨匠ではなく、巨獣（ミノタウロス）であり、女性への性的暴力をふるっていたというわけです。これらの行動は今の時代には通用しないものであり、彼の偉大性に影を落としているのです。作品で女性を侮辱しても、芸術は偉大だということはいえなくなってきました。ピカソは天才だというのは、今までの共通認識だったかもしれません。しかし天才であれば何でも許されるわけではありません。過去においては見逃されるのが普通でしたが、今では厳しい目が向けられるようになっています。

2017年にはアメリカのメトロポリタン美術館に対して、展示されているフランス人画家バルテュスの《夢見るテレーズ》が下半身下着姿の少女を描いた作品だったために不適切だと批判されました。ニューヨークのミア・メリルが展示を差し止めるよう、1万1000人の署名とともに嘆願書を出しました。私もバルテュスの小児性愛というのか幼女への性的虐待がなぜ芸術として通用するのかと、とてもイヤな気分になっていましたので、大いに拍手です。

フランスの美術界は、今フェミニズム・アートに注目が集まっています。芸術界の女性の活躍に光が当てられています。2021年9月、パリのルーブル美術館の館長に54歳（当時）のロランス・デカール氏が就任しました。1793年に開館したルーブル美術館に、初の女性館長の誕生です。まさに時代の転換期を示しています。

ついでにもう一言、ピカソについて。

ピカソはアフリカの原始美術から深い影響を受けたというのは事実です。その兆候は《アヴィニョンの娘たち》（図2－18）に色濃く表れています。ここには5人の女性（売春婦）が描かれていますが、右の2人は色が浅黒く、顔が切り刻まれ、キュビスムの特徴を表しています。ただどうして、女性に対する切り刻みや性器を特筆して描くなどを重ねているのかを考えると、アフリカ諸国へのある意味の蔑視、差別感にあるのではないかと私は思っています。当時のフランスをはじめとするヨーロッパは、アフリカ大陸に広大な植民地を持ち、アジアも含めてそこは異国情緒豊かな地であったことでしょう。しかし誇り高いフランスやヨーロッパにとっては、決して尊敬の対象ではなく、見下した存在だったのではないでしょうか。だからこそ、いくつも角度から顔を切り刻んで描く手法にも、何の心の痛みを感ずることなくやってのけたのではないかと私は思っています。ある意味、当然の成り行き（美術の発展？）なのでしょうか。

1-7　フェミニズム・アートとアメリカのNPO

本書のためにフェミズム・アートの運動について整理している間に、アメリカにおけるNPO・NGO活動とフェミニズム・アートの活動とのかかわりの深さを感じるようになりました。アメリカ社会では一般的に、芸術文化の施設や団体は民間のNPOとして運営されています。芸術文化に限らず医療や教育や福祉や宗教に至るまで、それらの目的を持つNPOは、日本で非常に狭く考えられているNPOとは違って、アメリカではかなり積極的にビジネスとして運営されています。その経営・活動は効率的で、資源の有効活用という意味では、株式会社と何ら変わりがないともいえます。ただ株式会社は利潤を追求し配当をしなければなりませんが、NPOはそうでないという違いはあります。NPOの理事会は経営主体なのです。

私は永らく（40年ほど）NPOの活動をしていましたが、アメリカのNPOを訪問することが何度かあって、経営規模においても、活動成果においても、アメリカと違って日本のNPOはどうしてこうも脆弱なのかと落ち込んでしまうことが多くありました。1990年代初頭にニューヨークのカタリスト（NPO）を訪問したとき、まずはじめの自己紹介で、「わが社では……」（わがNPOでは、と言わずに）と言われたのにびっくりしました。続いて「社員は96人です」と言われてその多さに2度目のびっくり。さらに、カタリスト賞の受賞パーティでは一晩で1億円を稼ぎ出しますと聞いて、3度目のびっくりでした。そのうえ大企業（フォーチュン500社）の女性管理職や女性役員の増加に多大な成果を上げているその活動ぶりに、もう口あんぐりというほど感動しました。

さて、アメリカにおける芸術活動とNPOのかかわりですが、アメリカでは一般的に芸術文化の施設や団体は民間のNPOとして運営されていると書きましたが、さらに芸術文化NPOに対する公的資金による助成・援助もあります。そのような芸術文化を通して社会が発展し、公的資金の投入の効果が高まることが求められます。公的資金は租税に裏打ちされるわけですから公共的基準を満たす必要があります。芸術が昔のように宗教と深く結びついていたり、またその社会の支配者・権力者（王や貴族など）に所属していた時代であれば公共性は必要なかったでしょうが、現代社会の中では芸術は国民全体のものなのです。またコミュニティへの貢献も求められるのです。

アメリカでは芸術家による芸術作品の価値を認めたうえで、さらに重要なのは、市場の変動にさらされる一つの産業として見られていることです。非営利のNPOや財団によって支えられている芸術家たちはまた、この芸術産業を支える人たちでもあるのです。アメリカの芸術支援システムは、ヨーロッパ（フランスやドイツ）やメキシコ、中国などで「芸術文化政策」といって中央集権的に運営されているのに反し、複雑ではありますが、分権的で、多様でダイナミックなものになっています。政府部門全体での補助金の規模は小さいながら、内容的にも分権的であり、アメリカ全体の多様性に対応できる形になっています。アメリカではそれぞれの地域の多様な芸術文化にも支援が届くように工夫されています。それらのシステムにより「頑張るNPO」がかけがえのない地位を得ることもできるようになっています。

2. 日本のフェミニズム・アート運動

2-1　日本のフェミニズム運動

日本の女性参政権の獲得は1945年のことです。そして1946年4月10

日に初めて行使されました。参政権運動は自由主義の理論に支えられた英米で活発に行われましたが、世界で最も早く女性が参政権を獲得したのはニュージーランドで、1893年のことでした。アメリカは1920年、イギリスでは1928年まで待たねばなりませんでした。その後、1960年代後半にかけてアメリカを中心として、ウーマン・リブ（女性解放）の運動が起こり、やがて世界中に拡大していきます。日本の場合は、ウーマン・リブ運動は1970年代に始まりました。

従来の日本の女性運動は、中心的な担い手は母親・主婦、または有職婦人の労働運動団体で、民主主義・平和・反戦・平等・権利などをスローガンとし、社会での女性の地位の向上を目指したものでした。しかしリブの女性たちは一味違っていました。「リブ」を自称する小グループで活動していました。組織ではなく個人に原点を置き、既成組織に依存せず、個々人の主体性により話し合いと実践を重視する新しい活動でした。「おんな」の解放を強調し、女性の中にある性別役割観に浸りきって、自らの持つ性差別性に気づかずにいる現状を再認識し、生きざま全体、性を含んだ生活全体を解放していく活動でした。

日本のフェミニズムの運動は1975年以降、急速に活発になりました。リブの活動は1975年の前半が中心で、後半は「国連婦人の10年」を契機とするものでした。「国連婦人の10年」の中心的な担い手は自治体の女性政策に協力し合うフェミニズム関連の研究者や労働組合、その他肩書のない一般の女性たちでした。リブの活動は、巷の批判では「過激だ」とか「あまりにも些細なことに敏感で、社会構造的・制度的なことを見逃している」などと言われながらも、1975年後半の「国連婦人の10年」を基軸とした女性運動を大きく広げることに貢献してきました。従来の婦人運動に深く入り込み、変革を起こし、やがてリブの主張が女性自身の主張であることが浸透し、「女性差別撤廃条約」にリブの主張が理念として生きていることが誰の目にも明確になっていったのです。

「女性差別撤廃条約」批准に向けて

1979年12月18日、第34回国連総会では「女性に対するあらゆる形態の差別の撤廃に関する条約」（女性差別撤廃条約）が採択され、この条約の仮訳は翌年（1980年）の春には、一般市民の目にも入るようになりました。「これだ！」「私たちの求めていたものはこれだ！」という感激は多くの女性たちに共通のものでした。矢継ぎ早に学習会やシンポジウムが開催され、条約の解説冊子が増し刷りされ、やがて女性全体の声は「『女性差別撤廃条約』を批准しろ」という声になりまとまっていきました。

そしてこの「差別撤廃条約の批准を目指す運動」は、従来とかく交流を欠きがちだった既成の地域婦人団体とも連帯し、生涯教育・平和・消費者運動・労働運動などの女性も参加した大衆運動へと発展していきました。運動のスタイルとしては、対政府・自治体・企業という対決型ではなく、行政と市民とがともに女性差別を解消していくための市民の側からの行政への参入型、共生型の運動でした。参入型、共生型の自治体を通じた女性政策の進展は、かつてない迫力で進んでいきました。

まず、「国際婦人年連絡会」が各地で結成されました。そして各自治体では女性政策を推進するうえで、担当窓口をどこに置くかが検討され、関連があるとされた従来の社会教育課や民生局福祉課などではなく、企画や調整機能を持つ新たな担当窓口が設置されていきました。

続いて国が「国内行動計画」を出すや、各府県でも「女性のための行動計画」が制定されていき、女性たちの男女平等への活動拠点、実践の場として「女性センター」（のちに男女共同参画センターと名称変更）が各地で建設されていきました。1980～90年代はまさしく、国連の後押しと女性差別撤廃条約で、日本においてもフェミニズムは、行政・自治体と結びつきながら最高の盛り上がりを見せたといっていいのではないでしょうか。フェミニズムの「成功」といえるでしょう。

2-2 バックラッシュを超えて

バックラッシュに抗しつつ、迎えた21世紀

女性差別撤廃条約が批准され、順風満帆に進むと見られていたフェミニズム運動の道程は、21世紀に入ると急速に厳しくなってきます。フェミニズムに対する猛烈なバックラッシュ（巻き返し、逆襲）が始まったのです。フェミニストたちはバックラッシュにどう抗ったのか、抗いきれなかったとすれば、何ゆえだったのか。あれから20年がたちました。バックラッシュからの脱却をどう進めていったのかも含めて、少し立ち止まって検討したいと思っています。

1996年には国が「男女共同参画2000年プラン」を策定し、女性政策実現の場、女性の活動拠点として女性センターが整備され、自治体では行動計画が策定され、フェミニズム運動の推進・展開に向かってシステムの構築・整備が進みました。

1999年6月23日には男女共同参画基本法が施行されました。21世紀はフェミニズム進展の時代だと心躍らせたその矢先に、バックラッシュの嵐が始まったのです。2000年を境に、明白に、露骨に、執拗にその姿を現しました。そしてその後に絶望にも近い悪影響を与えてきました。バックラッシュのスタートは、1996年に審議会がまとめた民法改正要綱の「選択制夫帰別姓制度」に対して、「家族の一体感を壊す」と反対意見でのろしを上げたことからでした。今どき、なぜそんな古めかしいことを言うのだろう。なぜ国が決めて自治体や行政が実施していることを、あとになって国会議員が反対するのか。こう感じたのは、議員と行政各機関は歩調を合わせているはずだと思っていたからです。私には理解できませんでした。よく話して理解してもらえばわかることだ。一過性のことだろう、様子を見よう。少なくとも私は、そう思っていました。しかし、それが以下に示すように十分準備されたものだと知ったときには、すっかり私たちは、後手に回っていました。

2002年6月、山梨県都留市で「夫婦別姓制導入反対に関する意見書」が提出され、「夫婦別姓反対決議」が出されました。山口県宇部市では、条例に「男らしさ、女らしさを否定することなく男女の特性を認め合う」という記述が盛り込まれました。

千葉県の場合は、自民党県連が「自己決定による性教育」などの削除を求め、特性論（男女にはそれぞれ備わった特性があり、それが父性・母性の根拠でもあり、家庭を築く礎になり、国家の基礎にもなるという性別役割分業を肯定する主張）の記述を要求してきました。そして、2003年に条例は廃案となり、結局、男女共同参画の条例のない唯一の県となってしまいました。

また、全国の地方議会では、小・中・高における「男女混合名簿」の廃止や性教育、ジェンダーフリー教育への批判が始まりました。各地の男女共同参画条例の制定にバッシングが高まっていきました。

裁判も起こりました。大阪府豊中市は、2004年3月、男女共同参画推進センター「すてっぷ」の非常勤の館長、三井マリ子を雇止めしました。2004年12月、三井は男女平等に反対する勢力の圧力に屈した不当な雇止めとして、同市と施設の管理財団を提訴し、この裁判を「バックラッシュ裁判」と呼びました。三井側は、雇止めが「人格権の侵害」にあたることを主張しました。2010年3月、地裁を経て大阪高裁は一審判決を破棄。「豊中市が三井の行動に反対する勢力の組織的な攻撃に屈した」「説明をせずに常勤化・非常勤雇止めを行ったのは人格権の侵害にあたる」と認定し、市に150万円の賠償を命じました。バックラッシュ陣営は、「新しい歴史教科書をつくる会」や「夫婦別姓に反対する会」や「日本会議」などと行動をともにしていました。「日本会議」は、1997年に天皇制国家の再建、憲法改正を主要目標として結成され、「家族の絆、日本人の美徳、国への誇りと愛情」を取り戻す世論形成をしていくと宣言していました。安倍晋三の精神的支柱といわれ、自民党政権に大きな影響力を持っています。47都道府県すべてに本部があり、また各市町村にも支部があります。

しかし2022年7月の安倍元首相の暗殺事件以降、自民党保守派勢力と（旧）統一教会系の団体との密接な関係がより明確に露わになってきました。2005年には、安倍晋三が座長、山谷えり子が事務局長を務めた「過激な性教育・ジェンダーフリー教育実態調査プロジェクトチーム」が発足し、夫婦別姓、男女共同参画条例、性教育、男女混合名簿などに異議を唱えました。バックラッシュの顕在化から20年、安保法制（戦争法）・特定秘密法の強行採決を経て、今や憲法改正への動きが重大性を増し、「ジェンダー平等を進めない国」「戦争をできるという国」という方向性が、確実に現実味を増してきているのではないでしょうか。特にロシアのウクライナ侵攻から、「日本にも」という被害妄想も重なってその傾向はひどくなっています。いつの時代も、「ジェンダー不平等」と戦争は密接につながっています。戦争とは「相手国民を殺しても妥当だ」というほどの差別感情を持ち、その感情が銃を差し向ける行動につながるのです。差別を通して暴力の容認になるのです。

「男女共同参画社会基本法」（基本法）については、「基本法」そのものが、バックラッシュに対抗できない問題を内包していたと思われます。まず「参加」や「参画」は「平等」をうたっていないのに、あくまでも「平等」という文言を避ける政府・自治体のあいまいな姿勢と、フェミストたちにも「平等」を避け「参加」や「参画」でもまあいいかとするあいまいさがあったことが、バックラッシュの動きに対抗する勢力を一つにまとめきることができなかった要因となったと思われます。女性差別撤廃条約批准に向けて団結したおりとはまったく違っていました。

男女平等法でもなく女性差別禁止法でもない「男女共同参画社会基本法」という名称は、いかに国会議員全員一致で成立したとはいえ、平等を目指していないことは明らかだったのです。基本法は、前文でその目的を「少子高齢化や社会経済情勢の変化に対応するために女性を活性化する」とうたっており、経済のために女性を利用するという趣旨です。

女性の参入を経済発展のために認めるという意味です。女性の自立を目標とするものではありません。

人権に最も重要な労働の場での性差別禁止を明文化していないし、NPOの文言もありません。雇用の現場では、労働規制緩和のもとで、非正規だけが増え、女性労働の最低賃金の底割れと保護規定の撤廃により、休日労働、深夜労働への女性の参入が広まり、女性の労働強化と低賃金はいっそう厳しくなっていきました。昨今の日本の労働環境は、長引いてきたコロナ禍による企業の減収に女性労働者を解雇するということにつながってしまっています。コロナ禍においては、シングルマザーの女性には特に過酷な労働実態になっています。20・30歳代の女性の自殺率が急激に上がりました。

ジェンダーという言葉は、1995年の第4回世界女性会議で採択された北京宣言および行動綱領において、生物学的な性別を示すセックスに対して、社会的・文化的に形成された性別を示す概念として使用されてきました。しかし、バックラッシュ派は、これは人間の中性化を目指すとかフリーセックスという意味で使用している例もあるといい、「ジェンダーフリー否定」を叫びました。内閣府男女共同参画局は、2006年1月31日、都道府県・政令指定都市男女共同参画担当課（室）宛に、今後は「ジェンダーフリー」を使用しないようにという事務連絡を出しました。

こうしてジェンダー平等の推進派は、次々と手・足・口を縛られるようになっていったのです。フェミニズムの有名なスローガンは、「個人的なことは政治的なこと（The personal is political）」だったのに、「男女共同参画」は平等を目指すものではなく、「非政治化」され、無色にされて、バックラッシュの政治的勢力により骨抜きにされたといえます。「男女共同参画」政策は、政治的な変革にはまったく着手しないで、行政ができることだけをするという言葉の言い換えをしただけでした。さらに、男女共同参画運動の担い手が働く女性たちや地域社会の一人ひとりの女性たちとは緊密にはつながっていなかったのではないかという反省もあります。女性学などの専門家（大学研究者など大学や法曹界に籍を置いた）が中心でありすぎたように思うからです。20年の遅れをとったフェミニズム運動は、すっかり足踏み状態のままで世界から遅れてしまったのです。

バックラッシュを超えて

20年にわたるバックラッシュの波で、ジェンダー平等は決定的な遅れをとっています。夫婦別姓反対などに見るように、家父長的な家族観も薄れてはいないし、「慰安婦問題」をなかったことにし、侵略戦争を肯定し、再び戦争ができる国にする憲法改正に、これで歯止めがかかるのでしょうか。

私の尊敬する柏木宏氏（法政大学教授、NPO論）はバックラッシュへの立ち向かい方について、こうおっしゃっています。「やられたら、やり返す！　これしかないのでしょうね」と。やはり運動の歴史というのは行きつ戻りつの繰り返しなのだろうと思います。私は最近まで、バックラッシュ現象は日本の右傾化や世代間の意識のずれを表すのだと思って心が萎えていました。特に若い世代（とりわけ女性）がフェミニズムに徹底して悪意を抱く姿を見かけ（私は差別されたことがないなどと言って）、わかってもらえない悔しさを感じていましたが、最近では、世代間の乖離などではなく、これはバックラッシュ派の動きが今なお継続しているからではないかと思い始めました。安倍氏の死をきっかけに明らかになったのは、特定の宗教と保守政治が極めて色濃く結びついていることと、その傾向がさらに深まり、広がっていたということです。今もなお、やすやすとバックラッシュ派に振り回されている結果なのかと思えてきました。その影響が浸透し、若い女性たちのフェミニズム嫌いもつくり出されているのではないかと思うのです。

国際基準のジェンダー平等を真っ向から否定し、フェミニズムが積み重ねてきたものを徹底的に崩そうとし、選挙による議会制民主政治を崩壊させてきたバックラッシュの影響は計り知れないものがあります。日本のジェンダー・ギャップ指数が世界最低レベル（2023年度は世界で125番目、過去最低）なのも、他国がジェンダー平等に取り組んできた時間、それとは反対に、日本が逆行し続けた結果といえるでしょう。この国が失ってきたものの大きさを私たちが知る過程になったのではないでしょうか。しかしまた、これからの方向性もはっきり見えてきたともいえます。

フェミニズムの「NPO化」

フェミニズム運動の前進について少し付け加えますと、私は、一言でいえばフェミニズムが「NPO化」する方向性ではないかと考えています。「NPO化」とは、女性を中心に社会的弱者に門戸を開く、権威的でないネットワーク型の運動体で、しかも経営に責任を持って、新しい価値観を創造する活動ということです。また、アドボカシー型（提案型）のNPOの活動スタイルで、政治性をしっかりと堅持することです。政治性を堅持するというのは、別の表現をすれば、やりたいこと、ミッションを最重要にして、そこから決して揺るがないことです。21世紀、旋風を巻き起こすのはNPOの活動です。NPOがフェミニズムを現実化するのです。社会に多大な影響を与え世間の注目の的になるのはフェミニズムのNPO化だと思うのです。

2-3　フェミニズムによる美術史の見直し

日本のフェミニズム・アートの現状を見ることにします。世界的に美術史は再生されねばならないとする動きが大きくなっています。従来男性の視点を中心に形成されてきた美術史観を、多様な地域や人種、ジェンダーへと視点を広げ、偏見や不均衡を見直す試みが、日本の場合にも、1990年代以降続けられてきました。現代美術界の性差の原因を明確にするためには、ジェンダーを含む新しい価値観、歴史観とその方法論を導入することが極めて重要なことです。

しかし、フェミニズム・アートの分野においても、2000年以降のバックラッシュの影響で、活動が後退・衰弱してしまったのです。アートの世界でも10年以上に及ぶ空白の期間が生まれてしまったといいます（内海潤也「バックラッシュを超えて」『美術手帖』2021年8月号p.122）。

バックラッシュの影響は、ジェンダー／フェミニズムに関する展覧会が複数回開催され、ジェンダー学の導入の論争が開始されたときに起こりました。男性批評家や研究者らは「欧米から輸入してきた思想は、日本にはそぐわない」と批判しました。美術界だけではなく、日本全体がフェミニズムへのバッシング、「バックラッシュ」のピーク（2002～05年頃）を迎えます。美術界でもバックラッシュの影響で、「フェミニズム」や「フェミニスト」という言葉がもたらす否定的なイメージと「ジェンダー」という言葉自体が使いづらくなり、次第にフェミニズム・アートの動きは鈍くなり、モティベーションが下がっていったといっています。それから約10年の空白期間ができたということです（p.120）。

「女性」アート・コレクティブ

バックラッシュの影響を受け、2000年代初頭からジェンダー／フェミニズムについて表立って話しづらい状況が生まれた美術界ですが、その状態に対する違和感から抜け出すために、「女性」アート・コレクティブ事業が始まりました。「女性」アート・コレクティブとは、異なったバックグラウンドや個性を持つ3人以上のアーティストによる共同制作のことで、この活動は顕著に増加しました。たとえば、2015年4月に発足したというコレクティブは、展示やレクチャーやパフォーマンスを通して、日本のいびつなジェンダー・ギャップを問うています。また、近代日韓美術史における女性の描かれ方や美術業界における性犯罪やジェンダー不平等に対して具体的に勉強・研究・対話する場を設ける試みや、ブックフェアや展覧会、多岐にわたる討論会の開催などなどです。これらの活動は女性表現者たちが結集して、バックラッシュの時期を経て、フェミニズム・アートを次のステージに移行させる準備時期だったと主催者は語っています。その間にも日本以外で活躍する画家たちは、帰国後日本社会のジェンダー格差のひどさ、フェミニズムの浸透の遅れていることを日常生活の中で強く感じ、フェミニズムの視点から日本の歴史と向き合った作品があまりにもなかった状況に危機／切迫感を感じたと言っています（p.123）。

女性画家の展覧会の開催

金沢21世紀美術館では2021年10月から、「フェミニズム／FEMINISMS」展が開かれました。2021年4月新館長として就任したのは長谷川祐子氏です。世界のアート界で最も知られている日本のキュレーター（美術館専門員）といえます。イスタンブール、上海、ベネチア、サンパウロ、モスクワ等々の都市で開催された国際美術展のコミッショナーやキュレーターを務め、日本の若い才能を積極的に紹介してきました。「フェミニズム／FEMINISMS」展の英語のフェミニズムが複数形になっているのは多様性を表しています。

長谷川祐子氏は着任に際し、ステイトメントを出しています。「Democracy：アートの民主化」「Diversity：多様性」「Development：未来への志向」「Interaction／Inter-dependence：相互作用と相互共生」を美術館のテーマにするという内容でした。現代アートは、未来に向けて新しい視点を示したり、方法を試みたり、未知のものを生み出したりしていく表現活動です。絶えず未来の可能性に対して開かれ、常にチャレンジする美術館でありたいというメッセージです。美術館にはこの「開かれた」のほか、もう一つ大切な要素として「サスティナビリティ（持続可能性）」があるともいっています。

1990年代に始まった第三波フェミニズムを基点に、日本の公立美術館ではほとんど例を見ない「フェミニズム」を冠した展覧会が開催されました。さらに女性画家の作品を一堂に集めて見えてくるものを問う展覧会や、名前自体は知られていなくても、作品をまとめて観る機会の乏しかった女性画家の展覧会が行われました。「女性であること」を突き詰めて作品を制作する機会が増えてきたのです。

先に第三波フェミニズムと記述しましたが、フェミニズムの流れを次のように分類するのが普通です。第一波フェミニズムでは女性参政権など公的な場での平等要求が中心でした。第二波フェミニズでは私的領域（家父長制度・家事労働）での平等を要求しています。これらが主に先進国の中・上流階級の女性に限定されたものだとすれば、第三波フェミニズムは、開発途上国・低所得層の女性にまで拡大しました。また「多様性の平等」の要求です。有色人種、レズビアン、バイセクシュアル、トランスジェンダーの女性たちがフェミニズム運動に参加しています。

1983年に、作家であり詩人であるアリス・ウォーカー（アフリカ系アメリカ人）は、『カラーパープル』でピューリッツァー賞と全米図書賞を受賞しましたが、彼女は黒人や有色人種の女性に、より焦点を当てて「ウーマニズム」という言葉を使うようになりました。「ウーマニズム」はフェミニズムの一形態だといっていますが、人種差別と性差別という2つのレベルの抑圧に対して闘うものです。フェミニズムの広がりを表すものです。

女性画家の再評価

2000年代以降、諸外国ではフェミニズムの影響を受けた女性画家の作品を再検討する活動が活発になっていました。日本でも1990年代後半に女性学芸員らが中心になって、ジェンダーやフェミニズムに焦点を当てた展覧会が相次いで企画されました。その過程で女性画家は男性画家のアシスタントなどに考えられやすかったことが判明してきました。名前が残らない場合が多々あったのです。その意味でもアーカイブなどできちんと名前を残す必要があります。

女性の美術教育者の拡大

現在の美術教育機関では、教わる側は女性が多く、逆に教える側は男性が多くを占めています。また、教員でも非常勤講師など組織内の地位が低いポジションでは女性の割合が比較的高く、逆に教授や理事といった決定権を持つ層は男性が占めているという現状があります。美術教育に「ジェンダー」「フェミニズム」を指導する授業が少ないこともこれからの課題です。

「ジェンダー・バランス白書2022」（表現の現場調査団）

美術家や映画監督、研究者らでつくる「表現の現場調査団」が2022年8月24日、美術や映画、文芸など芸術9分野の教育機関や賞の審査員・受賞者の男女比率を調査した「ジェンダー・バランス白書2022」（2019年が第1回）を公表しました。以下は、その報告からまとめたものです。

美術教育の大学生は7割が女性、教授は8割が男性

美術教育の大学生は7割が女性なのに、教授は8割が男性となっています。美術教育でのジェンダー・バランスに著しい不均衡が起こっています。

審査員の77％、大賞受賞者の66％が男性

美術や映画、文芸など芸術9分野の教育機関や賞の審査員・受賞者の男女比率では、審査員の77％、大賞受賞者の66％が男性です（右図）。

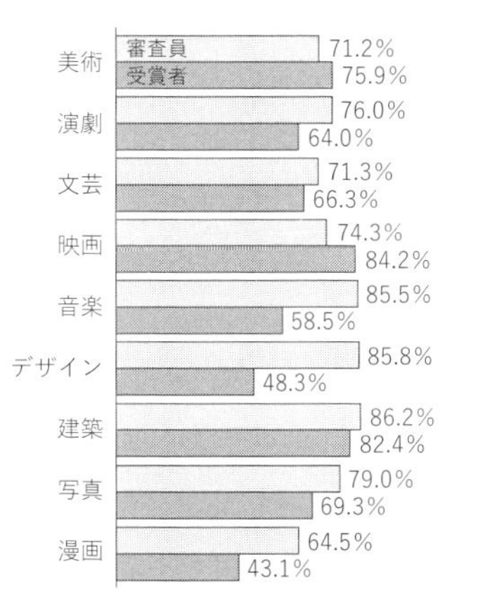

賞の審査員と大賞受賞者の男性率
データ：「ジェンダー・バランス白書2022」
（毎日新聞2022年8月24日付をもとに作成）

■個展や美術館の購入作品数も8割が男性アーティスト

美術館で開催される個展や美術館の購入作品数も8割を男性アーティストのものが占めています。機会やキャリア形成では、女性が著しく不均衡な実態に置かれています。発表の機会がない女性美術家のために美術館が目を向けてほしいものです。美術館がジェンダー平等の視点を持ち、地域社会とかかわれば、今までとは違った社会との接点が生まれることでしょう。女性の美術家の発掘もあるでしょうし、美術館で扱われる作品のあり方も変わっていく可能性があります。美術館の数の増加も、長期的には、そこで扱われる作家のジェンダーの問題の改善につながっていくことでしょう。

■美術館学芸員は6割が女性、館長は8割が男性

美術館学芸員と館長の男女比は、館長に男性が多く、学芸員には女性が多くなっています。学芸員は6割以上が女性にもかかわらず、館長になると8割以上が男性です。

■女性画家の職業継続への支援

女性アーティストは、長期的なキャリア形成が難しく、結婚や出産などのライフステージの変化等も相まって制作・発表の場から離れるといったケースが多いといわれます。それは、美術界も他の職種も同じ問題を抱えているからです。保育所の不足をはじめ男女間の差別賃金や昇進昇格の差別などの、働く女性の労働問題と同じ課題があります。長期的なキャリアを目指す女性アーティストに対する職業継続支援が急がれます。他の企業勤務とは違って、育児休業などの導入では解決しない課題もあります。「女子学生は、ロールモデルとなる女性画家と出会う機会が少ない」「大学組織内における女性の地位が低く、意見が反映されにくい」という人事問題があります。

■セクハラの可視化が必要

このようなジェンダー・バランスのひずみは、セクシャル・ハラ

スメントの温床となる危険性があります。現在は見えないままに隠れているのかもしれません。セクシャル・ハラスメントを可視化させるためにも、ひずみの解消を急がねばなりません。

▩調査団の警鐘

ジェンダー・バランスの偏りについて、調査団は以下のように警鐘を鳴らしています。ジェンダー・バランスが不均衡であることは、同質性の高さを表すものです。このような場合に、何かを決定し、判断する際には、その同質性の高さゆえ異論が出にくくなります。加えて、バイアスがかかったものの見方が疑われずに「正常」とされてしまいがちです。さらに排他性がいっそう深刻になるという問題も起こります。実際のところ、潜在的に表現者には女性が多いにもかかわらず、指導者、審査者、発表機会確保者に男性が多いという調査結果は、より多くいるはずの女性表現者が、ジェンダー不平等な構図の中でドロップ・アウトさせられやすいことを浮き彫りにするものです。女性が芸術（美術を含む）の世界で長期的にキャリアを築きにくい状態であるということは、文化にとって重要な多様性が失われるリスクがあります。美術界のジェンダー・バランスの偏りを正しく認識し、改善することが重要です。

2-4　SDGs「ジェンダー平等を実現しよう」

ジェンダーの平等を達成し、すべての女性の能力強化をしよう

これまで、アメリカと日本の美術におけるジェンダー平等を見てきましたが、現在、世界中で男性と女性の間にある格差を含め、ジェンダーに関する解決が急がれる多くの課題があります。このままでは、社会全体の発展を停滞させてしまうと懸念されています。このような状況を解決するために、国連で採択された持続可能な開発目標（SDGs）の17の目標の5つ目に「ジェンダー平等を実現しよう」という国際目標が立て

られています（図を参照）。ジェンダーの平等とは男女の格差を是正するだけでなく、男性も女性もすべての人が自らの能力を最大限に発揮するための機会を享受することができる世の中をつくっていくことなのです。また、ジェンダー平等を実現することは持続可能な社会を築くためにも必要な基盤です。この目標では、すべての女性がエンパワメント（力をつけること）を図ることを目的としています。世界人口の半数が女性であり、世界中の可能性の半分を女性が担っているからです。日本の芸術も例外ではありません。ジェンダー平等を実現することは、本当の意味ですべての人が基本的人権を享受することができる世界の創生につながります。ジェンダーによる差別や暴力、有害な慣行は撤廃・排除されなければなりません。女性が背負っていた家事や育児などの無報酬労働の分担、意思決定への女性の平等がなされなければ、政治的あるいは経済的な平等はありえません。これらの内容でSDGs目標5「ジェンダー平等を実現しよう」は各国政府や組織、企業など、世界中で今、取り組みが行われています。

日本は世界125位で過去最低、政治・経済分野は改善せず

スイスの団体、世界経済フォーラム（WEF）は2023年6月21日、世界の男女格差の状況をまとめた2023年版の「グローバル・ジェンダー・ギャップ報告書」（https://www.weforum.org/reports/global-gender-gap-report-2023/in-full）を発表しました。WEFは2006年から毎年報告書をまとめており、2023年は17回目になります。それによると、男女が平等な状態を100％とした場合、世界全体での達成率は68.4％とまだまだです。昨年より0.3ポイントの改善が見られましたが、今のペースでは131年かかると警告しています。ジェンダー公正はコロナ禍以前の水準に回復しつつあるものの進展は鈍化しており、「経済活動への参加と機会の分野」は2022年より後退しています。

日本は昨年の116位より大きく後退し125位でした。依然として主要先進国（G7）の中では最下位となっています。「東アジア・太平洋地域」においても、フィジー、ミャンマーと並ぶ最下位となっています。現在の進捗率では、この地域がジェンダー平等を達成するには、189年かかると試算されています。

「ジェンダー・ギャップ指数」とは

WEFの報告書は「経済」「政治」「教育」「健康」の4分野で男女差を示しています。経済分野では、同じ仕事をしていて男女でもらえる賃金に差がないか、会社の管理職の男女比などに注目しています。教育分野では識字率や進学率、健康分野では健康でいられる年齢など、政治分野は国会議員や閣僚などの男女の数が指数を左右します。日本の場合は、特に政治分野での格差が大きく、相変わらず138位と低い状態になっています。さらに経済分野でも123位で、男女の収入の格差が大きく、同一労働での男女の賃金格差がひどい状態にあることがその背景にあります。労働に参加できない状態（失業状態）が女性に多く、さらに管理職比率の格差も大きいのです。この傾向がコロナ禍において、より女性に

日本のジェンダーギャップ指数

総合	↘	125位	指数は悪化。東アジア・太平洋地域で最下位
政治	↗	**138位**	指数は前年と同じで改善は見られず。閣僚、国会議員割合も低水準
経済	↘	123位	管理職割合や労働者に占める割合が低迷
教育	↘	47位	格差がある高等教育（日本での大学）の就学率が反映されず
健康	↗	**59位**	指数は前年と同じ

※矢印は前年と比較した順位の上下を示す。

日本の経済分野のスコア：123位（0.561）

労働参加率の男女格差	81位	0.759
同一労働での男女賃金格差	75位	0.621
収入における男女格差	100位	0.577
管理職についている男女差	133位	0.148

データ：「グローバル・ジェンダー・ギャップ報告書2023」
（https://www.asahi.com/sdgs/article/14936739をもとに作成）

ひっ迫した環境をもたらしたのは周知の事実です。女性から解雇が始まり女性の復職はいつも後回しになるのです。

日本は男女間賃金格差がひどい

日本の男女間賃金格差が大きいのは、男性の賃金の中央値に比べ、女性の賃金の中央値がどのくらい低いかの割合を比較してみるとよくわかります。日本では、男女で共通した賃金基準ではないのです。これでは比較することもできません。2022年5月20日の第7回「新しい資本主義実現会議」で岸田総理は、企業に対して男女間の賃金格差の開示を義務づけることを明らかにし、「早急に女性活躍推進法の制度改正を実施し、男性の賃金に対する女性の賃金の割合を開示することを義務化する」と述べました。2022年夏には制度を始められるよう準備を進めると言いました。そして現在、労働者301人以上の企業から男女の賃金の差の情報公表が始まっています。とにかく何からでもいいので徹底して実現することです。

日本経済新聞は2022年7月14日付で「男女平等、政治・経済で遅れ」と題し、「海外ではクオータ制導入進む」として、より踏み込んだ発言をしています。「国や組織を発展させるためには多様な人材が必要であり、そのためにクオータ制などの制度がある。韓国はグローバル化に舵を切り、変わることで成長を目指した。この20年余りの間に、変わらないことを選んだ日本との違いは（韓国では日本よりジェンダー・ギャップ指数が改善したことも）、一人当たりの国内総生産（GDP）などが向上したことにも表れている」とクオータ制の勧めを記しています。

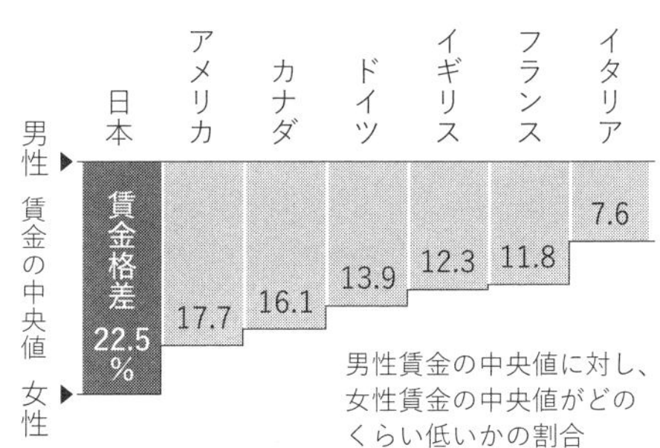

日本の男女間賃金格差（欧米との比較）
（OECDデータから内閣官房がまとめた資料をもとに作成。日本、アメリカ、カナダ、イギリスは2020年、ドイツ、イタリアは2018年の値）

2-5　フェミニズム・アートと日本のNPO

日本では「女性」とフェミニズム・アートの観点からも、男女の格差是正に真剣に取り組まねばなりません。日本の女性のためにも、世界中の女性たちのためにも、自分に対しても真剣に立ち向かわねばなりません。そして自分の周りの女性たちを支援することにもすぐに着手する必要があります。そのための手がかりとしてまず法人格のことがあります。日本のアートの団体は71.5％が法人格のない任意団体で、財団・社団は3.6％にすぎません（永山貞則・田中敬文「芸術文化とNPO」）。

活動の規模が小さい間はそれでもいいでしょうが、積極的に社会にも貢献しようとすると、法人格の取得は欠かせないはずです。さらに芸術NPOにとって特定非営利活動法の適用だけでは不十分なことは当然のことでしょう。芸術をとりまく状況は刻一刻と変化しています。素早い対応をするためにも、芸術に新たなフェミニズム・アート時代を迎えるためにも、政府や芸術NPO、企業も含めて、活動が進むように改善を急ぐ必要があります。

日本でNPO法ができてからはや20年、NPOの数が5万団体に増えたとはいえ、アメリカのNPOとは規模や事業展開に歴然たる差があるのは確かなことです。日本では行政が主体となって多くの市民サービスを提供しています。しかしアメリカでは医療をはじめ教育、芸術活動、社会サービスなどは、非営利セクターのNPOが担っています。

経済思想家P・F・ドラッカーは著書『ネクスト・ソサエティ』の結びとして、「NPOが未来をつくる」のであり、そのためには「女性の活躍がカギ」であることを以下のように述べています。

> ここにおいて、社会セクター、すなわち非政府であり非営利でもあるNPOだけが、今日必要とされている市民にとってのコミュニティ、特に先進社会の中核となりつつある高度の教育を受けた知識労働者にとってのコミュニティを創造することができる。(中略)20世紀において、われわれは政府と企業の爆発的な成長を経験した。だが21世紀においては、われわれは、新たな人間環境として都市社会にコミュニティをもたらすべきNPOの、同じような爆発的な成長を必要としている。(中略)これらのことすべてが、特に女性にとって大きな意味を持つ。今日の知識労働はフェミニズムとは関係なく、男女いずれでも行いうるがゆえに中性である。だから女性が史上初めて、男女平等に知識労働を担うべきなのである。(p.273)

アメリカのNPOは爆発的発展を成し遂げました。P・F・ドラッカーの遺言は今なお生きています。私もフェミニズム運動はNPOとしての活動に発展の可能性があると思っています。

ところで、2019年1月、世界保健機関（WHO）が「新型コロナウイルス」を確認して以降、世界は「コロナ禍」との厳しい闘いを強いられてきました。コロナ禍が社会を覆ってはや3年半がたとうとしていますが、今なおこの感染症は、私たちの社会に大きな影響を与えています。そのことは民間非営利セクター（いわゆるNPOセクター）も例外ではありません。「外出自粛」や「ソーシャル・ディスタンス」によって、NPOが行うさまざまな活動も縮小や中止を余儀なくされてきました。多くのNPOにとって最も大切な資源は「人」です。人と人が集まり、話し合い、考え、そして人と人が協力して、必要なことを人に対して行う、という形がほとんどです。ですから、人と人が直接会えない、というのは大きなハンデです。しかしながら、そうした中でも、あるいはそうした状況だからこそ、民間非営利の活動が求められている、という側面があります。

新型コロナウイルス感染症の拡大を経験して、NPOにとって今後何が重要な課題なのかを検討していくことにします。なぜならコロナ以前においてもNPOは課題が山積していたのですが、コロナ後においては、活動の重要性はさらに認められながらも、その資源と人的能力において課題が露わになっているからです。

地域に根ざしたサービスを提供するNPOだけでなく、特定の課題に向き合うNPOもコロナ禍によって生じた新たな問題に対応しています。たとえば、自粛や休校により家族で過ごす時間が増えることによる児童虐待やドメスティックバイオレンス（DV）の深刻化、自粛のストレスによる依存症（アルコールや薬物、ギャンブル、ゲーム等）、自殺などのさらなる悪化が懸念され、当事者組織を含むさまざまなNPOが動き始めています。

今後も感染症対策の長期化に伴い、社会のさまざまな場面で新しい課題が生じてくることが予想されます。そうしたときにいち早く柔軟に取り組めるNPOはこれからも重要な役割を果たしていくと考えられます。

コロナ禍を経験して、NPOの活動は今後どのような「新しい価値」を生み出していくのでしょうか。「ウイルスとの共存」や「新しい生活様式」が唱えられる中で、私たちの考え方や暮らし方も変わっていかざるをえないでしょう。これについては、「コロナ後」の地域社会のあり方を考える必要があると思います。日本では昔から、問題が起きるごとに、それを隠したり、隠しきれなくなると排除したり、なかったことにしようとします。摩擦や多様性を嫌い、経済の発展だけを求める経済偏重主義のままここまで来ました。しかしもう、われわれの地球は、経済偏重ばかりでは、破綻に近い段階にまで痛め尽くされています。人々は絶望に似た感覚を持ち始めています。今こそNPOは市民社会やコミュニティとの連携やネットワーキングの構築を急がねばなりません。NPOが活動しやすい基盤を早くつくるよう連携を急がねばなりません。NPOはもっともっと社会のために役立つ活躍をするべきですし、下支えがあれば最大の効果を発揮することができる活動団体なのです。簡潔にまとめる以下のようになります。

- NPOは社会で最も悪影響を受ける人たちに寄り添い手を差し伸べます。
- NPOは新しい価値をつくり出します。
- NPOは新しい社会課題に対処し、政策を変えていきます。

続いて、今、最重要だと思われるNPOへの政策を検討したいと思います。

2-6　日本のNPOの課題

コロナ禍が始まって以降、「コロナ禍のNPO活動についての調査」がさまざまに行われてきました。そこでわかったことは、現実にはコロナ禍で活動そのものが減少している傾向にあるものの、今後については、NPOは、新しい課題を見つけており、前向きにコロナ禍以前より活動の重要性を認識していることです。そのために、資金面や活動の工夫にどんなことが最も緊急に求められるのかを検討したいと思います。

第一にNPOは、人件費や家賃などの固定費への支援を希望しています。NPOは、直接の事業費以外でかかる経費（火災保険料、建物の修繕費、車両購入費、電話代や事務局を維持する経費、事業をマネジメントするための人件費、管理費）の支援を希望しています。そのことによって初めて単年度型ではなく、中期を見通せる活動が可能となります。

第二にNPOは、人材育成や補助材料費、消耗品費、賞与や福利費などメインの活動とは直接かかわらないところで人材にかかった費用などの直接経費ではない間接的な支出の支援を希望しています。なかでもコロナ禍のような事態では、デジタル化・オンライン配信に対応できるかどうかが課題であり、人材支援にはデジタル化への技術的サポート、事務局の強化や事務労力の削減につながる支援を求めています。

第三に補助金の申請支援や経営コンサルタントのアドバイスなども中長期的な経営計画を立てるのに必要です。資金繰りのノウハウや資金援助企業とのマッチング、その他、都市部の大企業とのつながり、専門家からの意見等、経費や組織基盤強化にかかわる支援を希望しています。これらの課題には、まだまだ不十分だといわれ続けている中間支援組織の強化が最も緊急を要するのかもしれません。コロナ禍の活動困難な状況においても、またコロナ禍以降も、NPOがどのような対応を希望しているのか、そして中間支援組織がどのような支援をするべきかを具体的に政策段階にまでつくりあげていくことが重要なのだと思います。モデルケースの創出やNPOが持続的に社会的課題を解決するために、NPOと連携した調査研究および政策提言が望まれます。

3. 表現する女性たち

3-1 自分を表現する ——なぜ絵を描くのか、何を描くのか、どう描くのか

女性自身が自分を語り始めることの意味はとても大きなことです。1960・70年代以降、フェミニズム運動では、女性自身が、自分の身体やセクシュアリティを、自分の感覚と自分の言葉で語る活動が増えてきました。これまで社会に対して発言する言葉を持たなかった女性たちでした。つまり女性はもっぱら男性による感覚で、男性の言説によって男性から語られ、描かれる対象でもありました。それに対して、女性自身が自分の身の周りのことを語り始めたのです。

このことは極めて重要なことです。今まで知られていなかったまったく別の世界が文学や絵画の世界に登場してきたのです。女性たちは自分を表現する手法を訓練していきます。作家であろうと、画家であろうと、音楽家であろうと、従来にない手法を女性たちは編み出していきます。たとえば、今まで日常生活の中に埋もれていた「キルト」や「刺繍」を芸術の領域にまで押し上げたこともその一つです。

高名な画家、三岸節子さん（1947年の女流画家協会創設者の一人）は、花や身の周りを画題にしながら「10分でも絵を描きたいと涙を流しながら、その涙を隠すために四つんばいになりながら床を拭いた」（吉武輝子著『炎の画家 三岸節子』p.109）と書いています。写生旅行に行けなくとも、モデルを雇うことができなくとも、身の周りの画題から始めて、アマチュアではない本流の芸術家に成長していったのです。

私もここで少し自分の表現について描いてみることにします。私はなぜ絵を描きたいのか。まず、なぜ油絵を選んだのかですが、既述のように火事跡から油絵具が転がり落ちてきたという偶然からではあります

が、日本画から感じる閉塞感（画題が着物姿、春画、遊女、水墨画など）は拒否したかったこと、油絵の世界なら、たとえばゴッホに見るように自分の身の周りからどんな画題でも自由に選べるような気風を感じたこと、油絵具の使い方に自由度があることなどがその理由です。油絵具をそのままぶちまけるような感覚でキャンバスに怒りや喜びをぶつけてみたいと思っていました。どちらというと、形の正確さ追求したいというよりも、自分が納得できる色彩の束に出会いたかったのです。

自分を絵で表現するためには、なぜ絵を描くのか、何を描くのか、どう描くのか、という順序を踏まえねばならない、と思います。

まず、なぜ描くのかということについてですが、「人はなぜ絵を描くのか」というタイトルの書籍は何冊かあります。まったく同じタイトルです。それだけなぜ絵を描くのかという問いへの答えは難しいのかもしれませんが、しかしそれらの書籍の結論は、「私が人生の最後の絵を描いて、その時に初めて答えが見つかるかもしれないが、今はわからない」とか「観る人が決めたらいいのです」とかいっています。また「絵を描くのに理由はないです」とか「楽しいからです」という答えも見かけます。真剣に考えようとするとなぜ描くのかよくわからなくなるのかもしれません。

ただ絵を描くのは、うれしいときに歌い出し、踊り出し、感じたままに動くというような、人間としてのプリミティブな行動なのではないかと思います。絵を描くことは、少なくとも大人になってからの文字や文章による理性的な表現というよりは、幼児期に近い、感情的・情緒的な活動なのだと思います。子どもは絵を描くことが大好きです。でも大人になると、「私、絵心がないから描けない」とか、「練習したことがないので無理」とか言って気軽には描けません。また絵を見るにあたっても、実物とそっくりに描けているかどうかで「上手に描けている」「こっちのほうが下手ね」という評価になります。ところがさすがに「上手、下手」とあからさまに写実主義だけで評価できないと思って、「沈黙」

してしまいます。これが大人として礼に失することのない対応なのでしょうか。

なぜ絵を描くのかという問いに対する答えは難しいのかもしれませんが、ただはっきりしているのは、絵を描くことは、私（個）の発見であり、自己と他者との交流であり、リラックスできる時間であり、ちょっと遊びの感覚もあります。現実は真っ白なキャンバスがあるだけなのに、そこからどんな構図にしようか、どんな色にしようかなどと考えていくと脳は活性化され、想像力もアップします。絵は何かをイメージしながら表現しているわけですから、その絵を介して誰かとコミュニケーションを図ることができます。人とのコミュニケーションの楽しさやパッションを感じられるときがあります。

絵を描く――表現するということには、やはり「なぜ描くのか」という問いは必須だと思います。「なぜ描くのか」は描き手の生き方を問うものであり、考え方を問うものだからです。最も基本的なことだと思います。中世や近代社会での絵画では、お抱え主の意向に従うことが「なぜ描くのか」の答えだったかと思いますが、フェミニズム絵画を推奨する時代に、描き手の生き方や価値観抜きで絵画表現が可能だとは思えません。そしてまた、そのことは、「何を描くのか」や「どう描くのか」という次のステップに必ずかかわるものだからです。

絵画の表現にあたっては、「なぜ描くのか」「何を描くのか」「どう描くのか」の3つの問いに取り組むことが重要だと感じています。「なぜ描くのか」で生き方を問い、「何を描くのか」で選択された価値観を提示し、「どう描くのか」で画歴・訓練・修業程度を測ることになります。重要度は「なぜ描くのか」「何を描くのか」「どう描くのか」の順になると思います。

しかし、『ヒトはなぜ絵を描くのか』というタイトルの書籍では、明確な自分の「なぜ」の回答が記されていないように思います。自分が亡くなったとき人々が決めることだとか、最後までわからないだろうとかの記述が多いのですが、それはとても残念な気がしています。描き手の「なぜ描くのか」に焦点を当てずに、与えられた教材を入念にスケッチするだけ、写実的に色を重ねるだけでは、自己表現といえるのでしょうか。私は少し疑問に思っています。

「何を描くのか」や「どう描くのか」は訓練や指導の範疇です。しかし「なぜ描くのか」は描き手の生きざまにかかわるだけに、美術指導の範囲のものではないと思います。もちろん双方に関連性はあるでしょうが、個人の描きたいという欲望は指導方法より以前にまず必要なものだと思います。見えないものですし、形として現れないものでありますが、描き手自らの労苦と歓喜とともにあるものだと思います。それがあってこそ、単なる写実とは違う自己表現になるのだと思います。だから指導者の言いなりに絵を描くのは、「どう描くのか」に関して練習することであって、「なぜ描くのか」とは少し次元の違うことだと思います。「なぜ描くのか」は各人の生き方にかかわるものであり、誰かに、何かを訴え、共感を求める意欲なのだと思います。

実は私も絵のスキルには最大のコンプレックスがあって、専門の訓練を経ていない「趣味の絵画好き」になってしまっているのでは、といつも懸念を感じています。三岸節子さんも以下のようにいっています。「絵を描く人にはデッサンを常に心がけるよう申しております。デッサンはものの実在をつかむトレーニングであり、実態をつかむことによって造形の思想を把握する、最も重要な、人間でいえば、主食、米の飯、パンといえましょう」（三岸節子著『花より花らしく』p.60）と。

デッサンの訓練は意識的に日常的に必要だと感じていますが、私の場合、まだまだ不十分だということも自覚しています。しかし、デッサンというよりも写実をモットーとして、写実的でリアルな絵を描くことを目標に、見た目の正確さや素晴らしさだけを追い求めるのは、間違いだと思います。絵の表現としてはもっといろいろなスタイルがあるはずです。修業不足の2歳の子どもの絵が、人々に感動を届ける絵画だというともあるのですから。

私の場合の悩みは、色彩そのものに魅力を感じていて、どんな色と色の配色にしようかなどがまず先に頭をよぎって、すっかりそれに気をとられてしまいます。それがヌードモデルの場合であると、肌色だけの被写体はもう結構という気がしていました。また被写体を見つめること自体、耐えがたくなって、もう1枚も2枚ものキャンバスを並べて、被写体のモデルではない花の絵のほうをより熱心に描いたりしていました。人物描写は、着衣が社会上の常なのに、ベッドや寝室、浴室だけにしか通用しないヌードモデルが多用される必要はないのに、とも思っています（少々言い訳がましいですが）。これからは、静物であろうと景色であろうと、デッサンをもっともっと積み重ねようと決意しています。

私が油絵で表現したいと思っていることは、フェミニストの視点を持った目標（後述）を持つことはもちろんですが、もっと端的にいうと、女性たちの生きている世界がよい方向へと変わることの励みになる絵を描きたいのです。そこで、従来日の当たらなかった女性の姿だったり、今後の若い女性の未来の姿だったりを描きたいと思っています。

身近な花も多く描いてきました。花は、戸外で咲き誇っている姿だけでなく、室内の花瓶で咲く花たちにも、生きる本能のようなものを感じます。エロスの極意ということかもしれません。時間をそうかけていない私の油絵では、花が持つエロスの香りを、多くの人に、生きる励ましとして受け取ってもらえればいいなと思っています。私は何のため、だれのために描くのかをいつも考えています。そして私にしか描けない独自のものを描きたいと思っています。

「アート」とは

今まで、油絵、美術、芸術、アートなど、それぞれの定義を明確にせずに書き進んできましたが、少し明確にしなければならないと思っています。「美術」「芸術」と「アート」などには、かなりの違いがあります。芸術や美術という言葉の代わりに「アート」という言葉が使われるようになったのは、わりと最近です。絵画や彫刻といった視覚芸術に加えて、文芸や工芸や音楽も「アート」であり、芸術に収まりきらないさらに大きな分野を含みます。「アート」には、もっとハードルが低く、自由度が高いイメージがあるのかもしれません。

少しさかのぼって明治時代から始めます。

日本では、現代の日本語での「芸術」は、日本文化の中で使われてきた言葉ではなく、明治6（1873）年のウィーン万国博覧会に参加するにあたって、西洋でいう「Art」に、「藝術」、その中のファイン・アート（Fine Art）には「美術」という言葉をとりあえず当てたのです。その時期以降に「描かれたもの」を日本美術というようになっていきました。しかし翻訳と同時に日本の言葉になった「藝術」や「美術」は、19世紀ヨーロッパの極めて権威主義的で芸術至上主義的、男性中心主義的な「アート」観を取り込んで出発したのです。そして日本は19世紀ヨーロッパの道へまっしぐらに進んでいきました。それ以前のものは「伝統藝術」といったり、また芸能とも呼ばれ、「藝術」とは意味が異なるものとされる場合もあり、語彙の統一はされていませんでした。戦後に「藝」を簡略化し「芸術」という単語になったときにはすでに、現在の6つの分野（文芸・美術・音楽・総合芸術・デザイン・その他）を含めた語彙としての「芸術」の意味に変容していたものといわれています。

ヨーロッパで「Art」という場合には、美術（美しい術）という意味はありません。「Art」は一定の材料・技術・身体などを駆使して、鑑賞的価値を創出する人間の活動およびその所産、絵・彫刻・工芸・建築・詩・音楽・舞踊などの総称です。

日本で最近使われるようになった「アート」は、英語のArtをカタカナ表記したものです。Artは辞書では芸術や美術と訳されていますが、「アート」は少し違ったニュアンスを持った新しい言葉です。英語圏では、芸術と美術の言葉で区別するよりも、彫刻はsculpture、絵画はpaintなど、より細かい言葉で分類される傾向があります。

特に日本では美術とアートを使い分けることが新しい芸術を創造するために、ぜひとも必要だったのでしょう。アートは絵画だけでなく、幅広い創作活動を含んで使われています。アートとともに「アーティスト」という言葉がありますが、アーティストは、画家だけでなく作曲家や歌手、文芸作家や建築家も含めて使われることもあります。つまり、アートもアーティストと同様に芸術や美術と比べると範囲がとても広い傾向があるのです。そのため「現代美術」というよりも「現代アート」のほうがより新しい時代の作品や作家を思い浮かべることができるのでしょう。

カタカナ語としての「アート」

「アート」という言葉は、はっきりとした体系化がまだされていませんが、カタカナになって、みんなが思い思いの解釈で「Art」を翻訳して使っている言葉ともいえます。西洋美術・Artというのは、深い知識がなければ踏み込むことができないイメージがありましたが、「アート」となると、一般市民も楽しむチャンスが出てきたのです。アートという言葉が広がることによって芸術のすそ野がうんと広がってきました。アートの世界に新しい発想やスキルがどんどん注入されていきます。従来の美術を含んだ芸術とは違って、表現者あるいは表現物と鑑賞者が相互に作用し合うことなどで、精神的・感覚的な変動を得ようとする新しい活動といえるでしょう。

アートは伝達手段です。そこには人間特有の表現の自由が必須条件になります。アートは気づきを与えてくれるものです。アートは想像力があります。想像力を膨らまして、誰かに、何かを伝える手段として用いられます。アートには人間の感情が込められていて、言語以外の絵画や工作物によって言葉以上の思いや感情を伝えられるのです。アートは社会や美術への問題提起、あるいはメッセージ性や物語性を持っています。

アートは生きる力をはぐくみます。

21世紀、ますます対立と争いが増えそうな予感がある現在、アートは人々に柔軟な視点をはぐくみ、私たちを支えてくれるものになる可能性があります。なかでもアートの中で大きな位置を占めるフェミニズム・アートは、多様性を求め、すべての人々が共生社会を生きるための力を育てます。フェミニズム・アートは、私たちに、自分たちがそれらをどう考え、どう見るか、つまり、自分がどういう人生を生きたいのか、どういう人間として生きていきたいのか、自分が生きている社会や地域、人とどうかかわりたいのか、ということを問うてきます。フェミニズム・アートと出会うことにより、私たちが持っている先入観や偏見などが払拭されて、さまざまなことを教えられる経験をします。そしてフェミニズム・アートが内包する豊かさや、幅広さ、多様性は、自分の日々の生活の中に反映させることができるものなのです。

既述した「ジェンダー・バランス白書2022」（表現の現場調査団）の場合は、「表現の現場」として美術、演劇、文芸、映画、音楽、デザイン、建築、写真、漫画を対象にしています。今までの芸術の世界では、圧倒的に男性が権力構造の上部に位置し、何に価値があるかを決定していましたが、その決定に女性やフェミニストたちが参入し、フェミニストの視点で価値を決定するようになると、多様性の観点から視野も広がり、洞察も深まり、分野を拡大していくのです。

フェミニズム・アートの方向性は、従来の自分たちの特権の維持とは違って、みんなが生きやすい社会をつくろうとする人々に多くの感動を与え、心を揺り動かします。本書で「美術」「芸術」と表記している場合には、フェミニズム的視点が欠けている時代のものを指しており、「アート」という表記になると、フェミニズム的発想が含まれていると考えていただきたいと思います。フェミニズム・アートは世界中のアートの世界に共通の言語になりつつあります。

表現するとは

表現とは、自分の感情や思想・意志などを形として残したり、態度や言語で示したりすることです。絵画、演劇、映画、アニメ、マンガ、詩、小説、評論、音楽、造形、ボディランゲージ、記号化、発言、科学も表現する手段です。

表現するには「表現の自由」が不可欠です。表現の自由は、「なぜ絵を描くのか」「何を描くのか」「どう描くのか」の基本です。表現の自由は、自己実現、自己統治の観点から重要な役割を果たすため、精神的自由権の中でも、優越的地位を有することとされています。自己実現とは、個人が表現活動を通じて自己の人格を発展させることをいい、自己統治とは、表現活動によって国民が政治的意思決定に関与し、民主主義を実現することと、ここでは定義しておきます。

表現の自由が保障されていない社会では、自分が発した言葉にびくびくしながら生きていかねばならず、ひいては、国家権力の言いなりという状態に甘んじなければならなくなります。他の重要な人権がきちんと保障され、人間らしい生活を営むためには、表現の自由が保障されていなければならないのです。

実はフェミニズムはこのことを主張しているのです。従来、一部の男性中心の権力者に許されていた表現の自由を、性にかかわりなく、人種にかかわりなく、信条にかかわりなく保障しようとするものです。2019年の「あいち宣言」も表現の自由の重要性とそれを守り抜く宣言を以下の文章で残しています。

> 人はみな好奇心を持って生きています。自ら見て、聞いて体験しようとする好奇心の活動をせき止めることはできません。なぜならそれは、すべての人間の知的活動、経済活動の根源だからです。差別を助長する食わず嫌いを捨て去り、ときに抵抗や分断があれば、それを乗り越えるのが人間の文化であり、技術であり、知恵です。

私たちには、自らの考え方に反するもの、自らの嗜好に沿わないものを含めて、あらゆるものを慈しむ力が備わっています。

好奇心の活発な活動を支えるのは、私たちすべての人間が持つ見る権利、知る権利の尊重です。その権利が保障されることで、公正な比較や評価が生まれます。表現の自由を抑圧することは、これらの権利を侵害し、人々の意見や価値観の多様性をあらかじめ排除することにほかなりません。表現の自由は、私たちの生存に欠かせない多様性という命の水脈を守り、育て、豊かな文化を作り、国際社会における信用を確立するための基礎です。

私たちはこのことを深く自覚し、今後のあいちトリエンナーレを始め、未来の国際芸術や展覧会のための指針として、ここに「あいち宣言」を策定し、これを全力で守ることを誓います。

フェミニズム・アートの表現の目標

フェミニズム・アートの表現の目標をまとめると次のようになります。

第一に、芸術の世界が主な芸術家を男性とみなし、男性を芸術の担い手として認知し、歴史に記録してきたという事実から、美術史、芸術史の中で隠蔽され、評価対象から外されてきた女性芸術家の存在とその作品を発掘し、正当に評価することです。

第二に、男性のまなざしによって、芸術表現の中にモノやシンボルとして描かれてきた女性像を、フェミニストの視点から見つめ直すことです。そのことにより、そもそも美術における「美」の正体も明確になります（後述）。美術はいわば、男性が女性というフィルターを通して描こうと望んだ男性の世界観なのです。今後はさらに、多元的な世界観へと再構築されることになります。

第三に、フェミニストが自らの世界観をその作品や表現を通じて具体的に示すことにあります。従来は男性によって形成され、占有されてきましたが、表現のあり方そのものを乗り越えるために、フェミニストが自らの生や性を語るにふさわしい表現技法を模索しながら新たな表現を加えて、新たな創作の世界をつくりあげていくのです。

第四に、正当な（あるいはアカデミックな）芸術史において評価される機会を奪われて日常生活や土着的な文化の中で女性が受け継ぎ育んできた表現形式を、アートとして積極的に認知することです。

第五にフェミニズム・アートを通じてフェミニズムそのものを具体化し、新たなアートの世界を構築することです。フェミニストたちは、真実を語り、不正を告発し、見過ごされている人々に光を当てることに自らの才能を使ってきました。そこから新しい考え方が広がり、みんなの幸せを願う表現という、よい方向へ変わり始めることができるのです。フェミニズムはそこに至る過程に必須の分析、表現手法なのです。フェミニズム・アートは日本でこそこれからというところですが、韓国も含めて諸外国ではかなり進んでいます。国際的なつながり、国際的ネットワーキングの形成こそ、今後の日本のフェミニズム・アートにとって不可欠の行動だと思います。

尊敬する若桑みどりさんは『もうひとつの絵画論――フェミニズムと芸術』で、「私にとってのフェミニズムとは」と題して次のようにいっています。

> 私にとってのフェミニズムは、かつて男性が作った、男性による、男性のためのあらゆる枠組み、社会、経済、法律、日常生活、感性の領域に至る枠組みの中に、あきらかにはっきりと女性が人類の対等な相手として、参入し、そのことによって枠組み自体を大きく変えなくてはならないという、全体の枠組みのチェンジの志向です。それが私にとってのフェミニズムです。フェミニズムは一部の人の女性拡張運動ではありません。一部の女の人の権利獲得のヒステリックな叫びでもありません。男性社会の中で女性の権利を拡張することはフェミニズムの中のほんの一部にしかすぎません。従来

> の西欧中心の近代社会の枠組みの中で導き出されてきた一元的な価値基準というものを、組み替えようという動きというのが最も本質的なことなのです。(p.12)

私も同じ考えです。

このフェミニズムと芸術には、どんな問題点が含まれているかをもう少し吟味していくと、第一に、芸術には社会的要因が深くかかわっているという問題があります。第二に、芸術はそれを創造してきた主体者、そして芸術を注文した注文主、それを享受してきた享受層の3つが深くかかわってきました。芸術が個人的な作業になってからまだ100年ぐらいしかたっていません。第三に、芸術にかかわれたのは、男性だけでした。男性がお金を出し、男性が描き、男性が享受してきたのでした。女性は排除されてきました。女性には才能がないからとか、女性は妊娠という時期があるのでいつも絵画を描くということにはならないとかの理由で。そして絵画に描かれている女性像は、全部、男性が描いた女性のイメージです。これらの女性のイメージが私たちに投げかけられるとき、何を私たちにもたらすでしょうか。そこには社会における女性に課せられた役割の押しつけがあります。それが文化的意味です。そしてそのイメージは社会的な影響力を持ちます。絵画の中でつくられた女性のすべてのイメージは、今度はまた新たに私たちの性意識をつくるという作業をします。

そしてこのイメージはものすごい力を持っています。現在のテレビのコマーシャルのイメージ戦略にいかに大きい影響力があるかは万人の理解するところです。現在ここに至っているわけですが、今後芸術の創造的主体者となる女性たちは、なぜ描くのか、何を描くのか、どう描くのかを吟味しながら、訓練・トレーニングを積み、自分の能力開花に立ち向かっていくことでしょう。

そのために社会的枠組みを変え、教育施設、トレーニングを充実させ、女性役割（子育てなどケア領域）から自由になることです。

男性だけが家族の主権を握り、生産活動から女性を引き離し、子どもを産むこと、生命の再生産だけに女性の役割を限定したときに、女性は創造の主体であることから意識的に、組織的に、徹底的に退けられたのです。それをはねのけるために女性たちの勇気が必要です。いえ、勇気はあるのです。勇気を行動に移すことです。

3-2 美とは何か

「美術」という言葉があるように、アートは常に「美」と結びつけられてきました。美しさは、私たちの五感を楽しませる側面があるのでしょう。しかしアートは単に美しさだけで語るものではないのです。私たちが目を背けている世間や自分の中にある醜い現実を突きつけてくることもあれば、「そもそも美とは何か」を問いかけてくることもあります。私たちを勇気づけ、寄り添ったかと思えば、政治性によって革新を迫ることもあるのです。

「女性は美しいから絵画の対象になるのだ」「対象にしたいのだ」「女性のヌードほど美しいものはない」と言う人がいます。でも本気でそんなことを思っているのでしょうか。私にはとうていそうは思えません。現在の多くの絵画教室でも、なぜヌードを描かせるのかわかりません。きっと男性受講生の深層心理を深く読み取り、女性受講生が何に嫌悪感を抱いているかなどは些末なことだと考えているからなのでしょう。ヌードは美しいでしょうか。別に美しいはずがありません。妄想の中で「美」だと思わねばならないと焦っているだけで、花瓶や手帖、日常の生活用品と同じで、画題として何ら変わりはありません。思い込みの激しい人だけが、思い込んでいるだけです。ヌードが「美」とは、単なる各人の思い込みの産物でしょう。

視ることと視られること

美術は、視覚でとらえることを目的として表現された造形芸術の一つです。それだけに美術における「美」を考えるには「視覚（視ること、視られること）」が重要な決め手になります。この描写芸術としての絵画は、何かを視る芸術家、そしてその視ているものを描く芸術家と、視られる対象との両方にかかわります。特に視覚を媒介に得られる喜悦・快楽が「美」の根源的体験の一つといわれます。

視られる対象のフォルムの均衡、充実・輝きによって惹起されるタイプの「美」もありますが、ヌード絵画の時代に視ることから得られるのは、官能や快楽の「快」の感動です。「快」や「感動を与えるもの」を言葉では「美しい」と表現することが多々あります。必ずしも一般的に「きれい」「華やか」ではないものでも、たとえばゴミを撮影した写真や死に瀕する人を演じる役者に対して、芸術では美しいと言い表すことがあります。何らかの心を動かすものに対して「美」を感じる場合が多いようです。

この描写芸術としての絵画は、何かを視る芸術家、そしてその視ているものを描く芸術家と、視られる対象との両方があって出来上がったものですが、西洋の歴史では、伝統的な歴史画に多くの人物描写が要求されてきました。そしてルネッサンス以降は、たいていの人物像は裸体でした。正確なデッサンを学ぶためには、通常ヌードモデルを雇っているアトリエで指導を受けるというのが普通でした。しかしヌードモデルが女性であるということから、女性が描き手になるということは許されなかったというのは、論理矛盾です。

「美」とは、視る側が喜悦・快楽を感じるときに湧き上がる感情です。そしてその愉悦は女性のヌード絵画の時代に最も高まります。そうなるべく、19世紀の男性画家たちはキャンバス上で努力を重ねたのです。

「快」的なものが美しい？

ヌード絵画が頂点に達する18・19世紀の西洋では、描き手の男性の視る視点から、ヌードの女性の姿態を視ながら快感を得たり、官能の喜びを得たりすることを「美」と表現することが多くなります。哲学においても「美」とは「快」の一つの形だとみなしています。「美」の概念が18世紀に完成したといわれるのは、それがヌード絵画の全盛期であること、また視られる側で無名の女性たちが言われるままに長時間ポーズをとって完成した多くの芸術作品の集大成として、存在するに至ったのだと思います。

「美」の概念は、今や根本的な問い直しがされねばならなくなっているのです。今まで視る側の描き手としての男性と視られる側の女性との二項対立の中で成り立ってきた、男性にとって快的なものに「美」と名づけてきた歴史も、女性の絵画への参入が広がり、深まってきている21世紀においては、別のものに変わっていくべきなのです。従来の芸術の「美しさ」といわれるものはもう不要のものとなるのかもしれない。きっとそうなるのでしょう。それに代わって21世紀においては、「男性的でもなく」「女性的でもない」新たな「美（感性）的なもの」が誕生してくるのでしょう。ジェンダーやフェミニズム的思考は、女性だけに限られる思考方法ではありません。むしろ男性にとって従来の偏狭な枠組みから解放されるためにも、必ず有効な理論的基盤を提供するはずのものです。

3-3　フェミニズム・アートの力

「フェミニズム」は「アート」の流れの中に合流しました。フェミニズムは「芸術」を選択するのではなく、「アート」を選択し、そこへ合流しました。

フェミニズム・アートの運動は、現代美術を根底から変え、女性の生

J・ハワード・ミラーのポスター
1942年

第二次世界大戦中にアメリカで国民向けのプロパガンダに使われたポスターだが、のちに再発見され、1970年代に始まるフェミニズムに推奨されるようになった。フェミニストたちは、自己実現の達成や男女平等のために闘う姉妹たちすべての女性の団結をイメージしたのだった。

活や経験を反映した芸術をつくろうとする国際的なフェミニズムと連携しています。そして女性たちの美術の成果を目指すものでもあり、芸術の歴史と実践での女性の活躍度を上げようとしています。運動は1960年代に始まりましたが、70・80年代を通して、「個人的なことは政治的なこと」をモットーに、美術作品を制作することとその受容には、人種、年代、階級やセクシュアリティが社会構造としてかかわっていることを解き明かしました。中核を担ったフェミニズム・アーティストたちは、「アート」の可能性を押し広げました。ただ、私たちは今なお、「アート」と「フェミニズム・アート」、「芸術」と「美術」の言語の間を行きつ戻りつしています。フェミニズム・アートとアートの間、芸術とアートの間にも、厳密な言葉の定義が定着していません。行きつ戻りつを繰り返しながら、落ち着くところへ定着する過程なのだと考えています。これからもまだ繰り返しはありそうです。

もし人々がフェミニズム・アートの力をその手に取り戻したら何が起こるでしょうか。フェミニズム・アートは権力的ではない文化を広め、私たちが共有してきた歴史を語ります。私たちが普通であると考えることを「その通り」と認めもするし、逆にそれに逆行するものに対して立ち向かいもします。

フェミニズム・アートが潜在的に持つ影響力の大きさは、往々にして権力者が文化芸術を厳しく規制し、あるいは積極的に利用しようとすることからもわかります。従来は権力者に力を与えるためにも芸術・美術は使われてきました。そしてそれを担ってきたのは、従来も、また現在でも、価値観の基準をつくる立場にある男性たちです。圧倒的に男性が多いのです。彼らがどんなに平等主義を唱えても、あまりに長い間当然のこととして受け継がれ、ほとんど無意識のレベルに潜んでいる男性主体的な考え方から逃れることは容易ではありません。

フェミニズム・アートはまた、人を癒やす力を持っています。フェミニズム・アートを使って、人間性を介して人と人とがつながり合える空間を生み出すことができるのです。フェミニズム・アートが持つさまざまな力の中でも、あらゆるボーダーをさらりと越えられる力ほど人々を勇気づけるものはありません。この世から不要な境界線が消え、この地球上で生きるすべての生き物がまるくつながって生きられる社会を願いながら、フェミニズム・アートで思いつく限りのことに挑み、一歩ずつ心の色を塗りかえ続けていきたいものです。

フェミニズム・アートは人の心の奥底に届き、人々を動かす政治的な力も持っています。それぞれが持っているネットワークを生かして、縦割りを超えた地域の核となる場をつくります。人々が集まってつながり、話すことでいろんなことを知り、社会とかかわり、さらには変えていこうとします。そこには地域密着の素晴らしさを知ることもできるし、それこそが政治の始まりです。

多くの人にとって政治は遠いことが多いけど、フェミニズム・アートによって政治が近くなり、政治のことを考えるようになります。なぜならフェミニズム・アートが自分や社会のことについて考えるきっかけになるからです。日本ではアートは政治的に中立であることを求められることも多いのですが、アートと社会や政治を切り離して考えようとすること自体、無理があるように思えます。政治は制度や政策ばかりではありません。人々の感情、思いを動かしてこそ社会は変わっていくのです。

フェミニズム・アートは自分たちを創造的に表現する能力を持っています。これこそ人間を特別の存在にしている理由だと思われます。

第4章
女性と「ベール」の文化史

アフガニスタンの女性
（Wikimedia Commonsより　撮影：Marius Arnesen）

1. タリバン復権、アフガン女性の今

タリバンがアフガニスタンで再び実権を掌握（2021年8月15日）してから、2年がたちました。アフガニスタン国内は、依然として治安や経済状況が混乱しているうえに、海外資産の凍結なども加わり、経済の不安定、食糧難・医療設備の不足や女性の社会的位置づけの悪化など、困難な事態が続いています。しかしアフガニスタンの女性たちは、多くの苦難に直面しながらも、女性の職業への復帰や教育への参加を求めて粘り強く活動を続けています。

先述の2023年版の「グローバル・ジェンダー・ギャップ報告書」では、アフガニスタンは昨年度と同じ世界最下位の146位になっています。

タリバン復権直後に、メディアの女性司会者は自分も含め数人の同僚女性が停職処分を受けたと表明しています。数少ない女性地方知事の一人、サリマ・マザリは誘拐されました。彼女はタリバンの進出を阻む目的で市民軍を設立しましたが、タリバンが首都に到達した3日後に逮捕されました。また、マイダン・シャールの女性市長ザリファ・ガファリは数年前から何度も脅迫を受けており、父親を首都で殺害されています。彼女はアフガニスタンを脱出しドイツに亡命しました。現在はアフガニスタン国民のスポークスマンの役割を担っています。女子校を狙ったテロも発生しています。テロの標的となった女子校で、85人の生徒が命を落としています。タリバン侵攻以降に家を捨てて逃れたアフガン人の80％は女性と子どもたちです。何百万人もの女性避難民が、いま自分たちの命のことだけでなく、タリバン以前の過去20年間の女性の地位の進歩が無に帰すのではないかと危惧しています。2021年8月17日（タリバン復権2日後）にはカブールで数人の女性たちが銃の前でも怯まず街頭に出て女性の権利の維持を求めました。

学校に通う権利を奪われて

2021年8月17日、武装したタリバンが大学のキャンパスで女性教師や女子学生に立ち入りを禁じました。タリバン新政権は2021年9月4日に、上級教育大臣を通して、アフガニスタンの女子学生が私立大学へ通う条件として、女子学生は黒のアバヤ（全身を覆う長いベール）と目だけ現れるように顔を覆うニカブを着用しなければならないとの命令を出しました。そして、授業は（教室をカーテンで仕切るなどして）男女別々に行われるとしました。私立大学に登録する女子学生は、男子学生の退室の5分前に教室を出なければならず、そのあと、すべての男子学生が教室を出るまで、待機室で控えていなければならないのです。廊下で男女がすれ違わないようにするためです。また、女子学生のために女性の教育者を雇用するか、もしくは道徳的な廉直さを精査したうえで「高齢の男性教育者」を採用するという規定を設けました。それでも結局、タリバン政府は2022年12月、女性の大学教育を停止しました。

中学や高校の女子生徒たちも同じような状況です。アフガニスタンの女子生徒は学校に通う権利を認められていないのです。女子中学・高校は閉鎖されました。日本の中学校と高校にあたる中等教育学校では、女子生徒が自宅待機を命じられ、登校ができなくなりました。男女別学などタリバンの解釈によるイスラムの教えに沿った環境が整っていないというのが、その理由です。2022年3月には暫定政権の教育省は授業を再開する見通しを示しましたが、当日になって急きょ延期しました。タリバンは延期の理由について手続き上の問題と説明していますが、暫定政権発足から2年近くたっても再開の見通しは立っておらず、国連機関や各国からの批判が強まっています。

働く権利を奪われて

旧タリバン政権が崩壊した（2001年）後、多くのアフガニスタンの女性たちは仕事を見つけ、なかには要職に就いた女性もいました。警察官、軍人、司法官、ジャーナリスト、議員（全議席のうち女性議員が27%を占めていた）、経営者、教育者、医師、スポーツ選手、市長、知事などです。しかし、再び首都を制圧したタリバンは、女性たちから職場を奪い、代わりに身近な男性を後継に充てるよう勧告しました。政治に携わる女性や活動家、ジャーナリストが脅迫や暗殺の標的となっています。

男性が独占する政府

タリバン政権の組閣（2021年9月7日）では、執行部の構成員は全員男性であると発表しました。また新指導部は女性問題省を閉鎖し、代わりに美徳推進・悪徳防止省の設置を決定しました。タリバンは、パトロール隊が風紀の取り締まりを行っており、買い物のために一人で外出していた女性たちを自宅に追い返したり、ジーンズをはいて一人で外出していた22歳の女性が射殺されたということです。化粧も禁じています。親族の男性の付き添いなしに国内で72キロメートル以上の移動をすることが禁止され、付き添いのないアフガニスタンの女性への航空券発行が禁じられました。

2009年のアフガニスタンでは女性に対する暴力の撲滅を目指した法律が採択され、特に強姦や強制結婚、女性の就学や就労を阻む行為が刑罰の対象となり、女性の解放が進んだのですが、過去のタリバンの政権下では、女性たちは公の場で鞭打ち刑を受けたり、特に不貞罪に問われた女性は、石打ちで公開処刑されたこともありました。暴力的な夫を殺害して死刑判決を受け、カブールの競技場で銃殺刑に処せられた女性もいました。

スポーツの禁止

女性たちは今やスポーツをすることもできません。タリバン政権の文化委員会責任者は2021年9月8日、スポーツは「少女たちにとって必要な活動ではない」と発言しています。「イスラム教の服装」でスポーツはできないというのです。女性の身体が露わになるクリケットなどのスポーツをすることも認めないことにしました。公共の場ではブルカの着用が義務づけられ、家を出るときには「マレント」と呼ばれる家族の男性の付き添いが必要です。

われわれは歴史の中でゆっくりと死んでいく

人権擁護活動家で2014年にノーベル平和賞を受賞したマララ・ユスフザイさんは、国際社会に女性の権利の拡大を呼びかけた最初の一人でしたが、彼女は次のような発言をしています。「私たちは、タリバンがアフガニスタンを掌握するのを大きな衝撃をもって見つめています。女性やマイノリティ、人権活動家たちのことを非常に心配しています」。また、「国際、地域、そして市民社会は、即時停戦を求め、緊急の人道支援を行い、難民や市民を守らなければならない」とも述べています。そして「涙が止まらない。私たちは歴史の中でゆっくりと死んでいく」と。

この国の女性たちは厳しく抑圧されています。全身を覆う「ブルカ」

が、すべての女性に再び強いられています。これに従わなければ、公開処刑が行われることもあります。2021年8月、再び権力を握ったタリバンは「自分たちは変わった」と主張しましたが、国際社会は今も「女性の権利が守られていない」などとして、タリバンを正式な政権として承認していません。

2. イスラム教のベール

2-1　ベール

イスラムの女性は、外に出るときは顔や髪をベールで覆っています。家にあっては、女だけの部屋にこもっています。お客があっても顔を見せません。こんな不思議な習慣がどうして発生したのでしょうか。イスラム教ではなぜ、女性にベールを被せること、外に出ないことにこれほどこだわるのでしょうか。コーラン（クルアーン）に従えば、「両手と顔以外の美しい部分を隠せ」とあり、女性は親族以外の男性にその「美しい部分を」を見せてはならないとされています。それを隠すためのベールは男女を隔てるカーテンであり、女性性を隠すものです。イスラム教徒の女性は規範を守り、男性を誘惑しないことを表す行為なのです。それがやがて拡大して、女性は家の外では自分の魅力（性的）を人に見せてはならない、そのために女性は私的空間（家庭）の外に出ないようにしなければならないということに進んでしまったのです。やむなく公的空間に出るときには、その「美」を隠すためにベールを被らねばならないということになったわけです。このようにして女性は、1000年以上にわたり、男性の女性に対する勝手な幻想・妄想により、被り物を強いられる生活が続いているのです。ベールとハーレム（女性だけの居室）は関連が深く、外へ出るときのベールは家の中のハーレムと同じ役割があるのです。近年は、エジプトや東南アジアの都市部で近代的生活をしている女性が、あえてヒマールなどと呼ばれる、顔をカトリックの尼僧のように覆う姿が増えています。これを復古主義、イスラム原理主義の勢力拡大とみなす人もいます。ベールや衣装は国によってさまざまな呼び名があり、「ニカブ」「ブルカ」、ベールのことを「ヘジャブ（ヒジャーブ）」、そのほか「チャドル」「アバーヤ」などともいいます。ベール（Veil）は英語です。もともとはカーテンで仕切るという意味です。

2-2 「女性に夜をとりもどせ！」運動

20年以上も前、カナダのバンクーバーで「夜をとりもどせ！」のマーチに参加したことがあります。この日はヴァンシティ（信用金庫）を訪問し、女性に特化して、担保や保証人なしで資金援助をしている成功事例を視察しました。そのとき通訳をしてくれた臨月の女性が、「私も参加するからぜひ一緒に参加しましょう」と誘ってくれたのでした。この「女性に夜をとりもどせ！」運動は、1976年ベルギーのブルッセルから始まりました。国際会議「女性への犯罪に対する国際法廷」に集まった40か国、2000人の参加者は女性への暴力撲滅を掲げて夜の街に繰り出したのでした。その後、世界各国に広がり、「女性に夜をとりもどせ！」マーチは各国で毎年行われています。

女たちに　夜をとりもどせ
女たちよ　手をつなごう
女たちには　夜、一人で歩く権利がある
どんな服を着ようと　どんな道を歩こうと
私たちには　一人で歩く権利がある
女たちに　夜をとりもどせ　　（三井マリ子訳）

シュプレヒコールや歌や踊りや鳴り物を鳴らしたりしてにぎやかなマーチが続きました。その間、私はずっと思っていました。レイプする男性を恐れて、女性たちが夜一人歩きできないというのは、責任をとる側が逆なのではないか。責任をとるのは男性のはずだ。レイプする男性を閉じ込めておけば、女性たちは一人歩きを怖がらなくてもいいはずだ。そのほうが正論なはずだ。女性たちの安心のために必要なのは、男性を閉じ込めることだと。**レイプする「男性を閉じ込めろ！」**だと思っていました。

それはベールについても同じことだと思います。イスラム教では、男性が性欲を掻き立てられないように、女性がベールを被らねばならないとしています。しかし、性欲を掻き立てられるのがイヤだというのなら、男性のほうが黒く塗りつぶした眼鏡でもかけたらいいのではないでしょうか。さらに女性と会わないようにしたいなら、男性が家から出ないようにしたらいかがなものでしょうか。

女性には一人で歩く権利があります。どんな服を着ようと、どんな道を歩こうと女性には、一人で歩く権利があります。日本の民法90条には「公の秩序または善良の風俗に反する法律行為は無効とする」という規定があります。公序良俗に反する行為の例としては、犯罪にかかわる行為や取引を禁止する取締規定違反行為、人倫に反する行為、射幸行為などがありますが、自由を極度に制限する行為や個人の尊厳・男女平等などの基本権に反するもの、動機が違法な行為も含まれます。

男性の性欲のために、女性が日常的にベールを被って生活しなければならないというのは、日本でいう「公序良俗に反する行為」であり、無効なのではないかと思います。

女性たちよ、夜をとりもどせ！　女性はベールなしで、一人で歩く権利があります。

2-3　ハーレム（harem）

ハーレムとは、イスラム社会における女性の居室のことで「聖地」「禁じられた場所」という意味です。男性は、その場所にいる女性の夫・子や親族以外、立ち入りが禁じられていたことから生まれた名称です。トルコ語でも「禁じられた場所」という意味です。保守的イスラム教の説く、性的倫理の逸脱を未然に防ぐために、男女は摂理ある隔離を行わなければならないとの思想が背景にあります。コーランには、家族の居室の間を厳密に区切り、男女がむやみに出入りや会話をすることを戒めた規定があり、イスラム女性は貞節を固く守るべきとした教えを厳密に適用する立場から、家屋の中に訪問者の立ち入りが禁じられた空間を置くようになりました。ハーレムの習慣は、元来はイスラム特異の文化というわけではなく、古代の地中海地方において、富裕な階層が女性の居室を隔離した風習がそもそもの起源であると考えられています。このように「ハーレム」は、必ずしも宗教的な理由に基づく習慣であるとはいいきれない経緯をたどって、イスラム世界にも広がりました。さらにイスラム世界の外側の諸外国にも広まりました。

なお、念のためニューヨーク市内にハーレム（Harlem）という地域がありますが、この地はイスラムのハーレムとはまったく違います。オランダの地名ハーレム（Haarlem）に由来しており、ニューヨークに最初に入植したオランダ人が、故郷の名をつけたということです。Haarlemは、入江か、小さな丘などを意味するといわれています。アメリカを含め西洋においては、イスラムのハーレムは嫌悪感をもって見られていました。

イスラムにおけるハーレムは外出時に着用されるベールと同じ発想に基づいています。ハーレムという習慣は、イスラム教における一夫多妻制と結びつき、性的搾取、幼女の性器切除など、イスラム世界の後進性の実例とみなされて指弾されてきました。

私はイスタンブールでトプカプ宮殿のハーレムに3回行きました。な

Courtesy of İlban Öz

1. 馬車門
2. 正義の塔
3. メスクハーネ
4. 斧兵の宿舎
5. 黒人宦官用モスク
6. 黒人宦官の中庭
7. 黒人宦官の居住区
8. 皇子たちの学校
9. メイン・ゲイト
10. 妻たちの中庭
11. 妻たちの居住区
12. 洗濯室
13. ハーレムの診療所
14. 診療所の中庭
15. 助産婦らの宿舎
16. 弔いの門
17. 皇太后の中庭
18. 皇太后の回廊
19. 皇太后の寝室
20. 浴場廊下
21. 皇太后の浴場
22. スルタンの浴場
23. アブドゥル・ハミト1世の寝室
24. セリム3世の部屋
25. オスマン3世のあずまや
26. スルタンの広間
27. 第一夫人の部屋
28. ムラト3世の広間
29. アフメット1世の「図書室」
30. アフメット3世の果物室
31. スルタンの私的居住区マーベイン
32. つげの木の庭
33. 屋外プール
34. 「黄金の道(アルトゥン・ヨル)」
35. 「金の檻」の通門クシュハネ門

トプカプ宮殿　ハーレム平面図

(アレヴ・リトル・クルーティエ著『ハーレム――ヴェールに隠された世界』p.25より)

ぜ多くの女性（1000人以上も）を閉じ込めておくこんな習慣が維持できたのか不思議でした。入り口に見張りの塔があり、入るとすぐ黒人宦官用の居住区やモスクや中庭などがあり、女たちの居住区や中庭、皇太后の浴室、寝室、中庭、スルタン（皇帝）の寝室、図書館、皇子たちの部屋、皇子たちの学校、割礼の間などがあります。もちろん宝物殿や図書室や庭園もいくつもあります。宮殿はボスポラス海峡を一望できる場所に面していますが、ハーレムはボスポラス海峡を望む入り口から遠いところにあります。助産婦らの宿舎、診療所などもあります。一度ここに入ると死ぬまで出られないので「弔いの門」というのも海側の近くにあります。これは日本の大奥の構造とも同じです。そしてこのハーレムに送り込まれる女性たちが売買されるイスタンブールの奴隷市場跡も行ってみました。

2-4　奴隷市場

少し時代をさかのぼって、絵画の世界を再度見てみることにします。当時の女性たちは、頻繁に起こる略奪戦争の戦争捕虜や、貧困家庭からの売却によって多くが奴隷の身分になりました。女性たちはイスタンブールの奴隷市場へ集められ、奴隷としてセリにかけられ購入されると、あちこちのハーレムに配られ、黒人の宦官によって生活を監督されながら歌舞音曲のみならず、礼儀作法や料理、裁縫、さらにアラビア文字の読み書きから詩などの文学に至るまでさまざまな教養を身につけさせられました。なかには侍女としてスルタンの住まうトプカプ宮殿のハーレムに移されることもありました。

19世紀の半ばの事実を記したアレヴ・リトル・クルーティエ著『ハーレム――ヴェールに隠された世界』には以下のような記述があります。「売り立てられる奴隷たちが人目にさらされて立っている。その数はおおむね30から40、ほぼ全員若年者で、まだほんの幼い子どもも多い。その光景は、見る者に不快感を催させる。それなのに、持ち主が一人の女の着衣から分厚いウール地をそっくり脱がせて、女の身体を端でじっと眺めている見物人の視線にさらす」。ウィリアム・J・ムラー（イギリスの東洋画家）の言葉として「実際にそれを目のあたりにしてみると、予想していたやりきれなさやつらさを感じなくなってしまっていた」（p.21）と記しています。1838年のことだそうです。時間の流れととも

図4-1 《奴隷市場》
ジェローム　1866年
クラーク・アート・インスティテュート

男性が裸の女性奴隷の歯を検査している。19世紀のオリエンタリズム美術を代表する作品である。

に感覚はマヒし、ゆがんだ快楽に慣れてしまうのでしょうか。

ハーレムの近くには必ず奴隷市場があります。2007年の年末、イスタンブールのエジプシャンバザールからガラタ橋側に出たところにあった奴隷市場跡を見に行きました。もちろん今はその跡形もなく、バスターミナルに続く広場の一部になっています。

戦いに負けた地域の少年もここで売られますが、少女はまずベールや身にまとうものすべて剝ぎ取られ、持ち主によって1枚の布だけ与えられ、見世物として無防備に立たされ、検査と称して引きずり回されます。艶があるように見せるためバターがたれ落ちるほど塗られたといいます。ハーレムの女の多くはここから供給されました。「あばき出す」「引き剝がす」ときの男性の瞬時の快楽のために、女性は一生涯、何世紀にもわたって、被らされ、隠され、剝がされ、拘束され、身体の自由、精神の自由、生きる自由を奪われてきました。ベールはその象徴です。ベール、ハーレム、一夫多妻、性器切除は一連の続きものであることに違いありません。そのことは、ルネッサンス期以降、女性がベールを含めて衣服をすべて剝ぎ取られ、無防備に全裸をさらされて、寝かされて、ヌード絵画として描かれてきたことが、女性の権威の敗北だったことと同じ構図です。

2-5 『ハーレム――ヴェールに隠された世界』

『ハーレム――ヴェールに隠された世界』の著者クルーティエはトルコ人女性です。「私はトルコのハーレムで生まれ育ちました。そこはかつてパシャ（トルコの高位・武官）のハーレムでした。子どもの頃、その家には私たちと一緒に召使いやオダリスク（奴隷女）も住んでいました。私は『千夜一夜物語』からとった話や歌を聴きながら育ちました」（p.9～）という書き出しで始まります。ハーレムの起源については、「ハーレムは『違法の』『庇護された』『禁じられた』を意味するアラビア語で、家の中の他から隔てられた安全な一画のことで、そこでは、女性たちと子どもたちが召使いとともに、できる限り外界との接触を断って密やかに暮らします。また別に、その後は女性たちをも意味し、妻の意を表す間接表現として用いられています。ハーレムとは『幸福の家』すなわち、男が女の生殺与奪の権利をいわば宗教的に是認され、女性を世間から切り離して囲い、ただ一人、女たちの主人公である男が女をほしいままに独占する場所のことです。貴族や金持ちの邸宅のハーレムは、館の主人が宦官に護衛させて、自分の妻たちや妾たちを住まわせるところなのです」（p.17）と明確な真実を書き残しています。

2-6 オスマン帝国とハーレムの女性たち

オスマン家出身の君主（皇帝）は、15世紀には東ローマ帝国を滅ぼしてその首都であったコンスタンティノープル（現在のイスタンブール）を征服し、この都市を自らの帝国の首都としました。17世紀の最大版図は中東からアフリカ・欧州に著しく拡大しました。東西はアゼルバイジャンからモロッコに至り、南北はイエメンからウクライナ、ハンガリーに至る広大な領域に及びました。権力を最大に拡大したオスマン帝国においては、ハーレムは極めて大規模なものができてきました。スルタンの4代バヤズィト1世以降では君主権が絶頂化します。そうなると有力者との婚姻は不要となり、15世紀以降では、ほとんど正規の結婚を行う君主はいなかったということです。

オスマン帝国のハーレムには美人ぞろいの多くの女奴隷が集められ、その数は最盛期には1000人を超えたといわれます。非イスラム教の女性が好まれ、スルタンの母になったのはキリスト教圏の女性が多かったといわれています。そのこともあり、キリスト教徒出身の女奴隷を母として生まれた男子（皇子）が多くなりました。部屋はどんどん増築されて400以上にもなりました。ここではスルタンだけが強権を持ち、スルタンの手がついて男子を産めばハセキ・スルタンと呼ばれますが、皇帝は原則として彼女らと法的な婚姻を結ぶことはなく、奴隷身分のままでした。

2-7　イスラム以外にも広がったハーレム

アングルの《グランド・オダリスク》は《トルコ風呂》（図2－14）とともにイスタンプールのハーレムの女性を描いたものとして有名です。しかしアングルはイスタンプールに行ったことはなく聞きかじりで、エキゾチックな、エロティシズムを目指したのです。19・20世紀のヌード絵画の多くは、イスタンブールにやってきた旅行者からの情報だけで描かれていきます。男性画家たちはパリの売春街の女性たちをモデルに、ハーレムの女を想像して描きました。官能的なハーレムのイメージはオスマン帝国の滅亡後も再生産と増幅が繰り返され、21世紀に至る

図4-2 《グランド・オダリスク》
アングル　1814年　ルーブル美術館

ハーレムに住まう女性たちは、「君主の居室」を意味するトルコ語ハス・オダルク（Has dalik）が訛ってオダリスク（Odalisque）とも呼ばれた。多くの絵画に「オダリスク」というタイトルがつけられている。

まで続きます。

アングルの《トルコ風呂》には おびただしい数の裸の美女たちがいます。しかしオスマン帝国のハーレムではこのような光景はありません。

浴場には、湯に身体を沈める場所はありません。ハマームといってスチームで大理石を温めて垢すりをするという形です。もちろんプールは別途あったようですが、風呂を見ていない画家による空想の絵画です。これらの作品はヨーロッパ人の空想した「官能」「倦怠」の東方世界のイメージを映し出しています。

3. キリスト教のベール

絵画の世界で、キリスト教の神話を題材にした絵画では、聖母マリアはベールで髪を隠しているのに反し、マグダラのマリアというタイトルで描かれる多数の絵画は、娼婦だったという言い伝えからベールを被っていません。ベールは髪を隠し、貞節の証として描かれます。ティツィアーノが描いたマグダラのマリアの髪はヌードの身体に絡みついており、やはりベールは被っていません（図2－9参照）。貞淑ではない女性を表しているからです。キリスト教ではなぜ女性にベールを被らせるのかについて、次の聖パウロの言葉が根拠になっているといわれています。

> 私は、あなたたちに、次のことを知ってもらいたい。すべての男の頭はキリストである。女の頭は男である。キリストの頭は天主である。頭にかぶりものをして、祈りや預言をする男はみな、その頭をはずかしめる。ところが、頭にかぶりものをしないで祈りや預言をする女もみな、その頭をはずかしめる。その女は剃髪しているのと同じだからである。女がかぶりものをしないなら、髪も切ればよい。しかし、髪を切ったり剃ったりするのが女の恥であるなら、かぶりものをしなさい。男は天主のすがたであり光栄であるから、頭にかぶりものをしてはならない。しかし、女は男の光栄である。男が女から出たのではなく、女が男から出たのであって、男は女のために造られたのではなく、女が男のために造られたからである。
> （「コリント人への手紙 第1、第11章 2～16節」『新共同訳聖書』1987）

このような矛盾を語るパウロの言葉は、女の男への従属、女性蔑視思想がなければ成り立たないことです。神は男をまず造り、男のために、男の身体（あばら骨）から女を造ったということは、男は女から誕生したのではないということになります。ローマのシスティーナ礼拝堂の天井にはミケランジェロの《アダムの創造》《イブの創造》がありますが、そこには神は男のために、男の身体（あばら骨）から女を造られた場面が描かれています。

図4-3　《アダムの創造》
ミケランジェロ　1512年　フレスコ画　システィーナ礼拝堂

旧約聖書の「創世記」に記された、神が最初の人類たるアダムに生命を吹き込む場面を表現している。

なお、ベールについては、ユダヤ教では結婚の準備期間から、ベールを被るという習慣がありました。その伝統から、ヨーロッパの国々では、結婚した女性はベールを被るという習慣がありました。男より下等な女は、誘惑のもとになる髪で男を誘惑するので、髪を隠す必要があるということです。身勝手な理屈で女性を縛りつけていたのです。そして今でも修道院で働く女性はベールを四六時中着けていますし、ウェディングの式では女性の多くはベールを着けます。教会のミサにおいても女性はベールを被っています。そう考えると今なお、連綿とベールを被る歴史は続いています。

絵画でベールの果たした役割は、普通の女性と娼婦を区別する記号であり、それは清純で貞節な女とそうでない女を峻別する記号でもありました。その意味ではキリスト教においても、聖母マリア（処女懐胎できる女性）以外は、誘惑する女性の可能性が大きいのでベールを被せ、男性たるもの警戒しなければならないということになるのです。

イスラム教もキリスト教も女性にベールを被せ、身体を動かしにくくさせ、女性の行動を大幅に制限し、スポーツもさせず、女性を男性の所有物として扱うのは共通しています。しかし、これでは愛は育ちません。男性も女性も対等な立場で、男性も女性を真摯に、呼吸を合わせて、ともに愛を育てる努力をしなければ、愛は育たないのです。男性の欲望だけを中心に、身勝手に女性を物扱いしているだけなのです。

4.「ベール」は文化の問題か女性差別か

さてここからは、過去の絵画に現れたベールの問題ではなく、アフガン情勢に象徴されるような、イスラム世界のベールとともに女性の教育を否定したり、女性への暴力がはびこっていることや女性に職業に就かせないこと等に対して、現実の解決を探っていかねばならないと思うのです。アフガニスタンの女性の置かれている現実を打開することが急務です。女性へのベールはその地域の固有の宗教的文化などと文化を重視する態度をとって、平然としているなど許されないことです。

ベールから始まる女性の身体への侵略、暴力、教育や労働からの排除は、宗教や文化の範疇にあるものではありません。女性の人権の侵害、身体への暴行であるということです。これを明らかにしたのは、ジェンダー概念やフェミニズムの運動でした。世界で承認されているジェンダー概念やフェミニズムの運動で解決を模索しなければならない事項なのです。

4-1　世界女性会議での一コマ

1980年代以降の世界女性会議での私の体験です。第3回大会（ケニア・ナイロビ大会）では、ナイロビ大学のキャンパスで、イランから参加した黒装束の女性たち（第一・第二夫人）が連れ立ち、後方を監視するように男性が見張っていた姿がとても印象的でした。私は前を歩いている黒装束の女性に「ベールの下にはどんな洋服を着ているのですか」と質問したら、ベールをまくり上げてくれました。1人の女性は上下とも細かい花柄のブラウスとパンツでした。もう1人はジーンズと白いブラウスでした。2人とも公務員だということでした。

第2回大会（デンマーク）のワークショップでは、ベールを大きく脱ぎ捨て、自由を宣言した女性がいました。彼女は帰国したらどうなるのだろうか、大丈夫だろうかと周りの観衆は口々に話していました。インドの焼かれる花嫁（ダウリー殺人）や、未亡人が死亡した夫とともに生きたまま焼かれる（サティー）などのスライドも見ました。イスラム教によるアフリカ・アラブ地域に多い少女の性器切除（Female Genital Mutilation＝FGM）の実態も聞きました。ダウリー殺人とは花嫁の持参金が少ないということで、自殺に見せかけるなどして花嫁が殺されることで、こうしたケースがいまだにあります。サティーというのはヒンドゥー社会の慣行で、寡婦が夫の亡骸とともに焼身自殺することをいいます。法律上は禁止されていても、夫を亡くした女性が差別社会の中で生きにくい悲惨な現実があるので、サティーもいまだに存在するのです。性器切除（FGM）は女性と子どもの権利侵害です。しかし、今なお世界30か国の少なくとも1億人の女の子たちや女性たちがFGMを経験しています。FGMを受けると出血が続き、感染症や不妊、死のリスクにさらされます。毎年2月6日は国際女性器切除根絶の日とされています。そのほか「一夫多妻制度」や「名誉殺人」などなどの事実も知りました。性器切除に関して「なんということが続いているのだ！」と嘆きの声を上げた欧州の女性たちでしたが、しかし「押しつけてはいけない、次回（1985年）までにアフリカ「52か国（現在56か国）で結論を出そう」ということになりました。それを受けて1985年の大会では、性器切除を止める方向性が打ち出されました。しかし今もアフリカの28

か国で、毎年200万人、1日6000人の少女が性器切除の犠牲になっています。そんな女性に対する性差別、性虐待は「ベール」とつながっています。そうした中、西欧生まれのフェミニズムの運動は着実に差別や暴力、虐待をなくすために成果を上げてきています。

しかしこの問題は、やはり、イスラムの女性の声からスタートしなければならないのです。私たちは女性たちが声を上げられるような支援をもっともっとしなければならないと感じます。女性がスポーツも自由にしたい、ダンスも踊りたい、性器切除から解放されて性を謳歌したいと主張することから始まるのでしょう。そこからこそ自立と自信を得て本物の女性になるのでしょう。しかし陰になり日向になり、よく準備された支援を行うことが何よりも今必要です。

イスラム教のコーランでは、女性は「美しいところを隠しなさい」といい、女性にベールを被せます。女性は「美しい」ゆえに男に誘惑的だと称して、ベールやハーレムで女性を隠し、さらに近時では、特にアフガンにおいて、全身を覆うブルカの着用を義務づけ、さらに、女性から教育や職業を剝奪しています。服装の自由ということでは、個人の自由の問題です。「女性の服装にまで踏み込むな！」「男性は自分の服装だけにしろ」と言いたいところですね。大きなお世話というしかありません。男性が邪(よこしま)な欲望を慎んだら、いいだけのことです。男性が慎み深さを持てばいいだけのことですよ。

4-2 イランでのベール抗議運動

最近ではイランでの女性とベールの問題が大きく報道されています。イランでは首都テヘランでベールの着け方で道徳警察に逮捕された女性が死亡した事件がありました。この事件が引き金になり、イラン全土において、また世界各国で、女性にベールを被せることに対しての抗議運動が起こっています。イランの「道徳警察」はイスラム教の解釈に基づ

拘束された女性の死亡事件への抗議行動
（Wikimedia Commons: https://commons.wikimedia.org/wiki/File:Solidarity_with_Iranian_Protests_(52383276369).jpg?uselang=jaより）

いて市民の日常生活の中に不適切な行為がないかをパトロールして取り締まる組織です。特に、服装規定違反だとされた女性に対する道徳警察の厳しい取り締まりに対して、ヒジャブ強制への反発が高まっています。イランのライシ大統領は、「イスラム社会における組織的腐敗の促進」を取り締まると言っていますが、多くのイラン人は、最高指導者アリ・ハメネイ師が弾圧の原因だと感じています。

死亡したマシャ・アミニさん（22歳）は2022年9月13日、頭髪を覆うスカーフを適切に着けていなかったとして道徳警察に逮捕されました。目撃者によると、アミニさんは、警察車両の中で殴られていたといいます。その後、意識不明に陥り、9月16日に亡くなりました。警察はアミニさんが心臓発作に襲われたと主張していますが、彼女はまったく持病もなく健康であり、急死するはずがないと家族が言っているそうです。アミニさんの葬儀は9月17日に行われましたが、大勢の市民が詰めかけ、警察への抗議の場となりました。ヒジャブを脱ぎ捨てて抗議する女性たちや、「独裁者に死を」と抗議する姿も見られました。また、アミニさんの死に抗議して市庁舎に押し寄せる抗議者もおり、治安部隊の発砲のなか、逮捕者や負傷者が増えているのです。日を追うごとに抗議デモは広がっており、抗議デモによる死者が続出しています。

2022年12月4日、イランで国民の服装を監視する道徳警察について、検察幹部が「すでに廃止された」と発言したとマスコミが報じました。

拡大しているデモに対して、当局が一定の配慮を示したと見られています。しかし道徳警察を管理する内務省からの確認はとれていないとしています。

ノルウェーに拠点を置くイランの人権団体によると、2022年11月29日までに一連の抗議活動で60人の子どもを含む少なくとも448人が死亡したということです。

イランでは1979年のイスラム革命後、女性は「イスラム的な」控えめの衣服を着るよう法的に義務づけられています。具体的には、全身を覆うチャドルか、頭髪を覆うスカーフと腕を隠すマントを着る必要があるのです。近年はヒジャブ義務化への反対運動が何度か繰り返されてきていました。

スカーフの被り方をめぐって逮捕された女性が死亡したことを受け、世界各地で抗議活動が広がっています。ギリシャでは、2022年9月24日、デモの参加者が次々と髪を切って抗議の意思を示しました。こうした行動は、トルコやシリア、それにドイツなど世界各地で見られているほか、髪を切る様子をSNSに投稿する女性もいます。東京都内でも9月28日、日本で暮らすイラン出身の人たちがイラン大使館のそばで抗議活動を行い、「女性に自由を」などと訴えていました。港区のイラン大使館のそばで行われた抗議活動には、長年日本で暮らすイラン出身の人たちなど、100人以上が集まりました。参加した人たちは、「イランに自由を」と書かれたプラカードや亡くなった女性の写真を掲げていたほか、「女性に自由を」などとシュプレヒコールを上げました。イラン人の男性も参加していました。「イランの現状に声を上げる必要がある」と言っています。

何を身に着けるかは完全に個人的な問題であってスカーフの着用を強制するのは意味のないことです。ほかの人が望むものを着させられるなんて迷惑です。逮捕される理由などないのです。

そういえば私が1985年の世界女性会議（ナイロビ大会）で、ベールの下に何を着ているのですかと質問をして、小さな花柄のブラウスとズボンを見せてくれたのもイランのお役人の女性でした。今どうしているだろうか。

イランの事件は、アメリカへの批判にもなっています。アフガニスタン国民がタリバンの支配下で女性の権利が著しく制限されているにもかかわらず、この問題を放置したまま、アメリカは駐留軍を撤退させました。そしてアメリカは国連総会開催中の9月20日、官民パートナーシップ方式で、アフガニスタンの女性の自立を支える仕組みを打ち出しました。有力企業や慈善団体と連携し、アフガニスタンの内外の女性の起業、社会進出、教育を促す方針を出しています。早く実現にこぎつけられることを願っています。

4-3 「北京会議行動綱領」を糧として

1995年に行われた第4回国際女性会議での「北京会議行動綱領」は、明確に女性への身体的侵害行為を廃絶し、女性の地位の向上に向けて実行していくことを求め、行動綱領の実行に向けた各国政府の責任を明言しています。この行動綱領は、制度的整備、財政的整備の章も含め、6章361項で構成されています。その中で中心となるのは、優先的行動を起こすべき12の重大問題の章で、それぞれの戦略目標ととるべき行動が示されています。

A. 女性の貧困、B. 女性の教育と訓練、C. 女性と健康、D. 女性に対する暴力、E. 女性と武力紛争、F. 女性と経済、G. 権力および意思決定における女性、H. 女性の地位向上のための制度的な仕組み、I. 女性の人権、J. 女性とメディア、K. 女性と環境、L. 女児、以上です。

ジェンダー概念やフェミニズム運動は、日本を含む非西欧においてもイスラム圏においても有効だと思います。確かに、家父長的な考えが宗教ルールや道徳になっている地域では、ジェンダーやフェミニズムの概念を当てはめることは難しいかもしれません。ジェンダーの概念を用いない人々が地球上に数多く存在し、西洋的なジェンダー概念が普遍的な価値になっているわけではないことも事実です。しかし、ここでは、宗教的な規範から見てどうあるべきかよりも、まず人権侵害の現状があることを問題にしなければならないと思うのです。事実上の差別を排除することが目的なのです。女性に対する法律上の直接・間接差別が存在しないか、女性の公的および私的領域における差別が存在しないか、女性に影響を与える、広範に見られるジェンダーに基づくステレオタイプがないかなどを吟味して差別を排除することです。

4-4 女性差別撤廃条約を解放のツールとして

女性差別撤廃条約は前述の通り1979年12月18日、第34回国連総会で採択されました。この条約の中心理念は、固定化された男女の役割分担観念の変革にあり、政治参加、国籍、教育、雇用、保健、経済活動、農村女性、家族関係、刑罰規定、売春といった、まさに「あらゆる形態」の女性差別の撤廃を締約国に義務づけています。積極的なフェミニズム運動の後押しもあり、採択以後締約国数は増え続け、2022年4月、締約国は189か国になっています。この締約国数は「児童の権利に関する条約」の192か国に次いで国際人権条約中2番目の多さです。この批准状況だけを見ると女性差別撤廃条約の理念が国際的・普遍的に受け入れられていると考えられます。しかし本条約には実に55か国もの締約国が留保を行っており、国際人権条約中最も多くの留保を負っているのです。その留保がイスラムの女性差別を女性差別撤廃条約で解決するのが困難にしているのです。留保は認められるとはいうものの、「批准したのなら実行しろ！」と言いたくなります。

女性差別撤廃条約は形式的な平等を保障するにとどまらず、実質的平等の実現を締約国に求める規範として進化を遂げてきました。すべての

新聞を読むイランの女性たち
（筆者撮影）

女性と最も脆弱な女性たちのために女性差別撤廃条約は解放のツールとなりつつあります。しかし世界でも日本でも、最も苦境に置かれた多くの女性たちがいまだ女性差別撤廃条約による実効的救済を受けられていない現実があります。しかしジェンダー論やフェミニズム運動は、この条約を平等や公正という議論をするためのとっかかりとすることができるのです。現実に今世界中で起きている差別の問題はいずれもが西欧と第三世界の両方にまたがっていることを考えると、ジェンダー概念が個別の文化になくても、すでに欧米では重要な概念になっている以上、個別の文化を超えた共通のルールづくりに際して有効になります。西欧でジェンダー概念をもとに社会が構築されていますが、イスラム圏においてもジェンダー、フェミニズムという概念を用いることは弱者の力を強めるうえで有効であり、また 人類に共通のルールを築くうえで、もはやジェンダーを組み込まない議論はできなくなっています。ジェンダー概念をより柔軟で広汎なものにすることにも役立つことでしょう。

5. グローバル時代のジェンダー論、フェミニズム運動論

21世紀のフェミニズムは間違いなくグローバルな次元に入り、単一の運動ではありえなくなったことが示されています。人種や階級のみならず、文化や政策の多様性や差異が、女性たちのさまざまな利益を形づくっています。フェミニストが提起する問題は国際諸機関の支援も得

て、インターナショナルに統合されてきています。

実際、女性の人権侵害などの問題がグローバル化によって深刻化している反面、ジェンダー平等を求める運動や政策もグローバル化で強化されてきています。このようなグローバルな取り組みをも視野に入れつつ、ジェンダー平等や人権の問題を検討していくことが今求められるのです。日本でも始まっているのですが、日本の場合は、グローバル化自体を、外国人との共生問題、外国人政策・移民政策の問題として狭くとらえている傾向があります。「日本の女性問題と諸外国との比較」といったように、いいところがあれば取り入れようという程度の交流です。しかしこれでは、日本も諸外国も含めてともに共通の女性問題を解決するという態度には結びつかないのではないかと疑問を感じています。自国との対比のうえでしか外国の事情を考えられない習慣が日本にあるように思います。世界女性共通の課題や解決方法を手繰り寄せる手法を探すという態度は見られないように感じます。世界女性会議においては西洋諸国の女性では、第三世界の女性とグループを組んで一つのワークショップを運営（金銭的にも）しているのを多く見受けましたし、そのプロジェクトの成果を報告するワークショップもありましたが、日本の場合には、日本の窮状を訴えて、あなたの国はどうですか、という質問だけを投げかけるという運営ばかりでした。これではグローバルなフェミニズム運動の視点には立てないのではないでしょうか。ここからは、グローバルな視点を持ちながらイスラムのベールの問題を検討したいと考えています。

ベール問題は、公教育の宗教的中立性の問題と個人の信教の自由の問題として以上に、ジェンダーの視点から、女性の解放（ジェンダー平等）と抑圧（性支配）という個人の生きる権利の侵害の問題として検討する必要があります。まずは、公教育の場でのベール着用を禁ずるということがヨーロッパ各国で課題となりました。

5-1　女性差別撤廃・平等と女性の信教の自由

女性に対する差別・暴力等の禁止、さらにベール禁止論の論拠の一つには、女性差別の撤廃という普遍主義的な原理があります。若い女性（女児）たちは、さまざまな圧力や言葉よる暴力、心理的ないし物理的な暴力によるセクシズムの犠牲者です。この状況では、一部の少女や女性が自発的にベールを被っているとしても、強制や圧力のもとで被っているかもしれないのです。またベールの延長線上には、若い女性たち（女児）に対しての女性性器切除、幼児婚（若年結婚）や名誉殺人、一夫多妻制、女性に対する暴力の容認、離縁による生活困窮者になりうるということがあります。

ベールの強制は、女性の信教の自由、表現の自由、おしゃれの自由、身なりの自己決定権などを制約するものであって、女性の人権にとってはマイナスシンボルです。反対にベールの禁止こそが女性解放のプラスシンボルであるということになります。これでは、「男女平等を認める西欧文明」対「性差別的なイスラム文明」という単純な対立構図が示されることになってしまいますが、ここで重要なことは、民主国家においては、いかに、着用しないことを望む少女や女性を助けることができるか、ということです。イスラム圏内のフェミニストたちの議論や意見も参考にして、ベールを被らないことを認める運動は進められるべきです。

さらに、イスラム圏の中でも国によって大きな差があるため、国別の比較研究も必要となるのでしょう。たとえば、トルコ、イラン、モロッコ、アルジェリア、チュニジア、エジプトなど、西欧の人権思想やフェミニズムの影響がある国々では、ベールをめぐる議論も実際に激化しています。中東アラブ諸国では共通してイスラム回帰の潮流が強く、若い女性の間でも身体全体を覆うチャドルが大流行する傾向があることから、これらの国内でのベール着用に関する批判は困難になっています。これに関して、EU諸国やアメリカ、カナダなどに在住する研究者やフェミニストの議論は非常に活発に行われています。

女性差別撤廃条約は、国連加盟国のほとんどが加盟しています（189か国）。しかしイスラム女性の人権に関しては、イスラムの慣習について女性差別として問題となる点が多くあります。コーランでは、女性は男性より劣位にあり、保護される存在であるとされています。そのために家族においては低い地位が定められ、弱い女性を保護するという目的で一夫多妻制度が出来上がっています。また女性は性を誘惑するものとされているため、その害悪を予防するためにベールやブルカに表されるさまざまな服装制限や隔離の習慣ができたのです。ところがイスラム諸国は国連の席においても「イスラム法は女性の権利を保護している」と主張しています。現実とは矛盾しているのですが、イスラムでは、「個人の権利」という考え方よりも「家族や共同体の権利」を中心に考えるというところからこの矛盾は生じているのです。そして家族や共同体を重視するということは、伝統や文化、慣習にかかわることを多く含んでいます。女性差別撤廃条約の画期的なところは、公的分野における女性差別だけではなく、家族や社会などの私的な分野における差別をも撤廃の対象にしていることです。そして多くの女性差別の撤廃には、社会の慣習、慣行における差別の撤廃が不可欠なのです。イスラム諸国が女性差別撤廃条約は締結したものの、多くの伝統的な慣習による差別の撤廃を留保したままです。一夫多妻制度、女性性器の切除問題、女性への暴力、ダウリー殺人、女性だけを狙い撃ちする「名誉殺人」、石を投げつけて殺すなどなど、イスラム法と女性差別撤廃条約が矛盾するとして留保が続いています。そして女性たちがベールをきっちり被ったなら女性への暴力、女性への性差別がなくなっていくのかというと、それはむしろ反対の現象を生じています。ベールを深く被れば被るほど、陰湿な暴力、あからさまな性差別は増えていきます。

イスラム諸国では女性差別撤廃条約を早くから締結した国が多くあり

ます。なぜ、締結だけをしたのか、疑問の多いところではありますが、何よりも国連を中心とする粘り強い打開策の検討や個別的な調査活動などを組み合わせて、イスラム女性自身に、自らの進むべき道を選択してもらうことが求められているのだと思います。西欧側の圧力ではなく自分たちの置かれている状況がわかっているイスラム女性自身が自ら選び取る力をつける（エンパワー）援助をすることが大切だと思います。そのためにも女性差別撤廃条約は有効なツールです。イスラム諸国が早々と女性差別撤廃条約の締結を進めたように、イスラム女性たちにも女性差別撤廃条約の有用性は十分に理解されているのですから。

5-2　世界における「ベール」論争

　このところ欧州では女性のベールをめぐって熱い闘いが続いています。特に9.11以降、イスラムとテロを結びつけ、女性のベールに対しても欧州からの攻撃が高まっています。とりわけ目だけを残し、身体全体を覆うブルカは西欧社会への融合を拒絶する意思としてとらえられています。ブルカの中に爆薬をくるんでいたら、発見できないではないか、というのも理由の一つです。一方、イスラム団体の女性は「ブルカ禁止は欧州で保障されている個人の自由の権利に反するもの」と言って反対します。イスラム圏では復古主義によりベールを被る例が増えているようです。身体全体を覆うブルカは西欧社会への融合を拒絶する意思としてとらえるのが現代の特徴となっていますが、本来どんな服装をしたいのかは個人の人権として保障される最も基本的な自由です。服装の自由は、国家や男性に指示されたり、道徳警察に脅かされる対象ではないはずです。さらに今もこれらの最も基本的な権利をめぐって、アフガニスタンの女性たちの命を懸けたタリバン政権への抵抗や、イランで起こっている女性たちの抗議活動を忘れてはならないでしょう。

●ベルギーでは

ベルギーでは、イスラム教徒の女性が顔も含む全身のほとんどを覆う衣装「ブルカ」、目だけを残し、顔全体を覆うベール「ニカブ」を公共の場で着用することを禁止する法案が、2010年4月に可決されました。全政党が基本的に支持し、欧州で初めての規制となりました。ベルギーの法案は、対象をブルカなどと特定はしていないのですが、本人の身元確認ができないような衣服を公道、競技場、文化施設など公共の場所で着ることを禁じる内容になっています。ベルギーでのイスラム教徒は人口の3%にすぎませんが、世界で初めてのブルカ禁止国家となり、言語問題で分裂した国家において合意に達した数少ない法案といえます。ベルギーと同様に他の欧州国家でもイスラム教徒の台頭に対する不安感を抱いていて、複数の国で同じような法案が審議されています。

●フランスでは

2010年6月、サルコジ大統領（当時）は、「ブルカは女性の従属の象徴だ」と発言しました。これを受けてフランス国民議会（下院）が調査委員会を設け、与党の一部議員はブルカ着用に罰金を科す独自の法案提出の動きを見せました。全身を覆うイスラム女性の衣装「ブルカ」が女性差別にあたるとして、着用の是非を検討してきた下院の調査委員会は、役所や学校、公共交通機関での着用禁止を提言する報告書を承認しました。しかし、公道を含めた全面禁止の提言は見送られました。

フランスはヨーロッパで最大のイスラム教徒を擁する国で、人口約6790万人の8.4%を占めています。それだけにイスラム教徒の反発を警戒する声や、服装の自由を奪い憲法違反にあたるとの見方も根強く、最大野党・社会党は着用禁止の強制に反対していました。同党の調査委員会メンバーらは報告書承認をボイコットしています。しかし、この承認はベール規制が欧州全土に広がるきっかけになりました。

2011年4月11日には、公共の場で顔を覆うものを着用することを禁止する法律が施行されました。推進派は「ベールは治安を脅かす」「顔や表情を見ながら人とのコミュニケーションを図る社会において、妨害になる」と擁護し、反対派は「個人の自由を侵害する」と反対しました。法律は、路上、店舗、美術館、公共交通機関、公園などの公の場所で顔を覆うベールやマスクの着用禁止を定めています。唯一例外となるのは、個人の車の中と礼拝場所です。また、からだだけを覆うチャドル（マント）や頭髪部だけの被り物であるスカーフなどは対象外とされました。フランスには570万人のムスリムが生活していますが、ベールで顔を隠している人は2000人程度です。

2014年7月、ヨーロッパ人権裁判所はフランス政府を支持する判決を出しました。判事は、禁止法には宗教的な意味合いはなく、顔を隠すことを問題にしているとしました。さらに、社交上、顔は重要な役割を果たすというフランス政府の言い分を支持しました。

●スペイン、オランダ、スイスでは

スペインでは法律はないのですが、バルセロナなどの自治体は禁止令を出しています。オランダでは、イスラム教徒は30万人で人口の1.9%です。なお、スペインでは12.8万人（2.7%）、スイスでは31万人（4.26%）になっています。

オランダでは学校、病院、公共交通機関のような公共の場所で、顔を覆う衣服の着用に対して罰金を科す法案を承認しました。ただし、この法案は道路でのブルカ等の着用を禁じるものではなく、また、発効するためには議会での採択を必要としています。

スペインでは、身体を覆い尽くすベールについて規制論議があるものの、宗教に基づくあらゆる差別は法律で禁止されており、ベールは州によって扱い方が違います。たとえばバレンシア州では、公立学校で許容されています。

スイスでは2009年に法務大臣がこれ以上顔をベールで隠すムスリム

女性が出れば、禁止令を検討しなくてはならないと述べました。さらに2013年9月、スイス、イタリア語圏のティチーノ州で住民投票があり、65%が公共の場でのベール禁止を支持しました。2021年3月7日、国民投票が行われ、ブルカやニカブなど顔を覆うベールを公共の場で着用することを禁じる国民発議は、賛成51.2%と僅差ですが、可決されました。

●ドイツでは

ドイツではイスラム教徒が320万人（人口の3.8%）いて、トルコ（またはクルド）の出身者が多くを占めます。1949年のドイツ基本法は、1919年のワイマール共和国憲法の条文を継承して、国家と教会との明確な分離は規定していません。実際には、2006年までに多くの州で法規制が行われていました。ベールについては、国家公務員のベール着用は適切とはいえないとしています。しかし、女子生徒がスカーフを着けて登校することを禁じる場合には、教育を受ける権利の侵害になる、としています。ドイツでは法律ではなかったのですが、約半分の州で教員がスカーフを着用して学校に来ることを禁止していました。2014年7月27日ドイツ議会は、イスラム教徒の女性らが顔全体を覆うベールについて、着用を一部禁止する法案を可決しました。対象となるのは勤務中の公務員のみです。

●イギリスでは

イギリスではベールに関する法律はありませんが、スカーフ着用について学校管理者と判事の裁量に任せるとする政令があります。イギリスでは、インド・パキスタン系中心のイスラム教徒は約200万人で人口の3.4%です。宗教色排除や宗教的シンボルの着用についてはフランスと異なる立場をとり、ベールや十字架像、キッパ（ユダヤ教の帽子）の着用なども自由です。公立学校でも、校長が自由に校則を決めることができることから、ほとんどの校則ではベール、キッパ、シーク教徒のターバンなどの着用が許可されています。病院でも、特別に願い出ればイスラム教の服装が許され、ベールやターバンの着用は、警察内ですら認められているといわれています。

2006年10月ストロー元外相が、イスラム女性が両目以外の全身を覆うベールを着用するのは「対話の障害になる」と問題視しました。またもやイスラム問題に火をつけたのです。イスラム社会への偏見助長につながることに警戒感があり、オープンな議論か、それとも社会の「傷」拡大を避けるべきか、異文化・異宗教に寛容なイギリス社会ですが、ベール問題の波紋はなお続いています。

●イタリアでは

イタリアではいくつかの自治体で顔を覆い隠すことを禁止しています。イタリア北部ノバラ市では、市内でニカブを着用していた女性が、市の条例に違反するとして罰金を科せられるということがありました。女性はチュニジア出身の移民で、夫とともに、ニカブを着用して郵便局前に並んでいたところ、男性警官に身元確認を求められ、ニカブを外すことを拒否。その後、交代した女性警官による顔の確認に応じたものの、500ユーロの罰金を科せられたということです。

●トルコでは

トルコでは、国民の99％がイスラム教徒（スンニ派）でありながら、トルコ革命の指導者で「建国の父」ケマル・アタチュルクが1928年憲法で国教条項を撤廃し、国家と宗教を分離する国家体制を確立しました。1937年に世俗国家であることを明記しました。その結果、トルコでは、公的な場面での女性のスカーフ着用だけでなく、男性のあごひげも禁止されてきました。これに対して、2002年からエルドアン政権が世俗主義を緩和する方針を打ち出し、2005年からEU加盟交渉を控えて議論が激化しました。2008年2月9日、トルコ国会は、従来の禁止措置を改め、大学内での着用を認める法律を制定しましたが、同年6月5日、トルコ憲法裁判所は、この法律はトルコ憲法上の政教分離原則に反するため無効であるとし、着用禁止措置を復活させました。国内ではなおも議論が続いています。

2018年6月、議院内閣制から実権型大統領制に移行し、内閣は大統領の任命になりました。行政権のすべてが大統領に属しています。そこではイスラム回帰の傾向を次第に強めつつあります。イスタンブールのキリスト教会が多い地域にモスクを建設する案、学校教育のイスラム教色を強める案が相次いで出てきました。しかし、ベール禁止令の撤廃に反対する女性たちによる大規模なデモ行進も行われ、これを受けて、政府は窮地に追い込まれ、「政教分離の現体制を維持する」と表明せざるをえなくなったのです。

トルコでは、国民の多くは政教分離に賛成しています。しかし、ベールを身に着けることには賛成する人も多いようです。トルコでは近年の世俗主義的政権の影響もあり、ベールをめぐっても着用を解禁する動きが増えています。解禁の動きに対する国民の支持は広まっています。しかし、その一方で、解禁に反対する何万人もの人々もいます。ベールをめぐっての賛成と反対のデモがトルコの首都アンカラで繰り返されています。

2019年、トルコは国家機関での女性スカーフ着用禁止を解除しました。また2020年、トルコ政府は中学校でスカーフを着用した女子生徒の禁止を解除すると発表しました。トルコは今揺れています。

6. 最後に

ベールもハーレムも結局、宗教に名を借りて、女性を下に、男性を上に置く社会構造をつくりあげています。近代以前の女性は、出産能力

（母性）ゆえに崇拝されてきました。しかし出産能力のない男性を中心とする文化では、女性は排除され、女性の魅力は危険であるとされ、侮辱され、周辺へ追いやられていきます。そして男性たちによってマイナスの女性イメージがつくられていきます。「女」の性は劣等で反知性的な肉体的本性だと固定していったのです。ベールもハーレムもこうして確立させていきました。

この状態から脱出するために、今ヨーロッパ諸国は、ベールの着用を公的な場所に限って禁止するという妥協策をとって今後の打開策を模索しています。今後の方向性は、イスラムの女性たちの判断によるわけですが、少なくとも、着用するか着用しないかは女性が決めることだ、ということを共通認識にすることがスタートなのだと思います。さらに、ベールやハーレムからの脱出のために、出産能力や母性をマイナスに評価しないことが重要だと思います。マイナスどころか、母性を高く評価し、尊重することが基本です。つまりは妊娠、子育て中にも、女性が仕事を十分続けられる環境をつくることが母性を高く評価し、尊重することです。特にシングルマザーの生活を豊かなものに保障することも極めて重要です。

一方、今イスラム文化圏（エジプト、イラン、トルコ）においては、19世紀の末以来、西洋の影響下で展開されてきたフェミニズムの議論を、「女性をつくり変える」という趣旨で、新しいフェミニズムとして開発していこうという動きがあります。

近代主義の立場から無批判に支持するのではなく、イスラム主義の立場からそれを「西洋かぶれ」として糾弾するのでもなく、これまでの近代フェミニズムやイスラム主義による女性の従属を反省し、女性を新たな中心軸にする運動の展開が行われてきています。ベールを被ってフェミニズムを論ずることを期待したいものです。西洋フェミニズム運動も寄り添う必要があります。ベールを脱ぐ決意をした女性を、報復を恐れなくてもいいように支援するとか、ベールを着用しない女性同士やまた男女が交流できるように支援することも重要だと思います。

ドバイ空港（アラブ首長国連邦）での私の体験です。全身黒装束（ヘジャブ〈ヒジャーブ〉）の女性たちと多くの権威的な白装束（トーブ）の男性たちという黒と白の集団に圧倒されたことがありました。白装束は、金遣いも人使いも荒く、ヘビースモーカーが多いと聞いていました。歩き方も威張っていました。ドバイ空港でのカフェテリアは、たばこの煙と臭いで、目を開けていられないくらいすさまじい状態になりました。私は酸欠で息苦しい思いをしました。白装束から発生するのは煙霧です。一歩離れた女性は、目元以外は全部真っ黒です。その女性は携帯電話がかかってくると、口の黒マスクを外して話していました。ドバイの街ではスパゲティを食べる女性たちがいました。黒マスクの下から挿入する人、上から落とし込む人、とても奇妙な風景でした。コロナ禍の私たちのマスクも同じような感覚がありますね。

ところが、ところが、飛行機が飛んで関西空港に着くや、ドバイの黒装束の女性たちやカラフルなベール姿の女性たちが、一人もいなくなったのです。女性たちは全員ベールを外していたのです。それのほうがびっくりしました。容易にチェンジできるわけです。

太古の昔から女性は、女の性ゆえに崇敬されてきたのですが、性的快楽と生殖力があがめられてきた歴史はやがて、近代社会では、男性中心主義文化と変節していきます。ここでは、出産能力のない男性を中核とする文化ですから、女性の身体は卑しい欲望と淫欲（それゆえ魅力的で危険）であるとされ、侮辱され周辺へ追いやられ、マイナスの女性像がつくりあげられていきました。「女」の性は劣等で反知性的な肉体的本性だと固定されていったのです。性は、宗教・階級・人種・民族とともに、社会秩序を構成し権力関係を築く基本です。性は女性のイメージを生産し絵画を典型例として、写真やデジタルで、デザインで、拡大表象されてきました。その表象は、大量に生産・消費され、その社会の広範なグループに共有され一般化すると「文化」になります。ところが今までの文化の担い手は男性でした。男性がつくり出し維持してきた「文化」という仕組みの中で女性は、「文化」に参加することは不可能でした。女性は表象の中で常に物言わぬ客体でしたが、実際の女性たちの現実でもなければ、イメージでもないことはいうまでもありません。女性は家父長制度のもとでは、男性家長の保護・監視のもと、家庭内部で生涯を送る役割を道徳や宗教、法律で固定されてきました。家父長制を維持する権力の仕組みの中でつくられてきた歴史は、「男性の歴史」であり「男性の美術史」「男性の宗教」「男の文化」にすぎないのです。これからは女性もともにある「文化」の時代です。ともにある文化をつくりあげていきましょう。

7. 最後の最後に――フェミニズムをみんなのものに

タイトルに「フェミニズム」を入れた本文を書き終わるにあたって、現在の日本におけるフェミニズム状況について少し意見を述べて「最後の最後」にしたいと思います。

「フェミニズム」や「ジェンダー」になぜ「嫌悪感」や「違和感」が生まれるのか

フェミニズムはもともと女性の法的権利保護から始まりましたが、それは従来の男性中心の社会に対する既得権、それを支えてきた家父長制へ疑問を投げかけるものでした。ところが今なお、フェミニズムやジェンダーに根強く反対する意見があります。たとえばアメリカでの妊娠中絶反対の過激なキャンペーンや、日本でも働く母親は子育てを放棄しているとか、「三つ児の魂百まで」（3歳までは母親は育てないと悪い兆候が表れる）キャンペーンが行われたりしました。また女性の自立が男性の立場を脅かすと感じることがミソジニー（女性嫌悪・女性蔑視）として現れると、女性に対する暴力や殺人、レイプなどの形をとることもあります。

フェミニズムの意図的、無意識的な誤解

なぜアンチ・フェミニズムが流布するのかに関しては、意図的、あるいは無意識的なフェミニズムの誤解が、最も大きな課題としてあると思います。フェミニズムは女性だけの権利拡大・権利獲得を目的としているという誤解です。そうなると男性の既得権を脅かすものだということになってしまいます。フェミニズムは女性だけではなく、すべての人間にとっての不当に差別を受けないでいられる権利の獲得と平等を目指すものですが、この点に鈍感であったり、耳を塞いでしまったりすると、「フェミニズム＝女性だけのもの」という誤解を強化してしまうことになります。また、過去の政治的バックラッシュ（第3章「2－2　バックラッシュを超えて」参照）は現在の誤解を深くしてしまいました。そのことで多様な価値観に触れる機会を喪失してしまったのです。そのことがフェミニズムの理解を妨げてきました。

フェミニズムは多様性を尊重する

多様性（ダイバーシティ）はフェミニズムの中でも重要な考え方です。フェミニズムは多様性を尊重する基本的なこととして次の2点をまず理解しておきましょう。

①フェミニズムはすべての人間に対する性差別的な搾取や抑圧をなくす運動です。
②フェミニズムの根底にあるのは、多様性を尊重する姿勢です。

この①②を理解することがフェミニズムのみならず、LGBTQや障碍者や闘病中の人などマイノリティや、社会的弱者を理解する第一歩といえます。

ダイバーシティに無配慮である企業広告やコーポレートメッセージは批判の対象になりえるため、フェミニズムを含めた多様な価値観を理解し尊重する姿勢はこれからの企業の必須事項です。こうした多様性について意識するためには、各分野でダイバーシティ研修を行うことが有効です。研修の内容としては女性や外国籍、シニアなど属性に対する知識を得ることを目的とするものや、管理職者・マネジメント層向けにこれらの属性の横断的知識を与えることを目的としているものがあります。

自分自身を自覚することに敏感になること

日本においては、男性と女性であれば男性のほうが権力者側に立つことがまだ多いのが現状です。この場合、女性は支配を受ける側であり、マイノリティとして扱われます。しかし、それが当たり前の社会なので、意識的にならない限り、自身がときとして権力者側であり、またはマジョリティであるという可能性について、自覚できないものです。女性の中でも既婚・未婚、子の有無で立場が変化することがあります。圧倒的に法律婚が多い日本では、シングルマザーはマイノリティで被支配者の側にある場合が多いのですが、事実婚が多い国ではシングルマザーであるがゆえにマイノリティとなることはありません。このように相対化することによって、自分が権力者側にいる、マジョリティとして集団圧力を行使しうる存在となることに気がつくことができます。これも、フェミニズムにとって重要な観点の一つです。

隣の人が悩んでいることを他人事とせず、自分の痛みとして引き受けていく態度はフェミニズムの実現のために非常に大切な視点です。男性に対しても「男なんだから」「男のくせに」という差別的な発言が投げかけられることが多々あります。これらを是正することもフェミニズムの目指すところです。もちろん男性として生まれただけで優遇されるという社会的構造は大問題ではありますが、そのことを知識として、または実感として持てることは企業人だけでなく、社会に生きるすべての組織人にとって必要不可欠です。なぜなら、こうした自分の権力性、多数派であることから生じる権力に無自覚であることが、ハラスメントを引き起こす大きな要因になるからです。

国連は、男女の平等が保障されるまで286年かかると言っている

2022年8月7日、国連はジェンダーの観点から持続可能な開発目標(SDGs)の達成状況をまとめた報告書を公表しました。世界各国で男女平等を保障し、女性に対する差別を禁止する法律が整備されるまで、現在のペースだと286年かかるおそれがあると指摘したのです。現状ではSDGs達成期限の2030年までに男女平等を実現するのは困難だとして、格差を是正する行動を各国に呼びかけました。背景にはコロナ禍があります。アフガニスタン女性差別問題もあります。

ところでこの記事が出るや、ネットではこの国連の呼びかけに対して非難というか中傷というか、的外れの女性へのヘイト意見が飛び交いました。以下はネット上でのほんのその一部の例ですが、バックラッシュのおりとよく似た光景が広がっています。

まず、セックスとジェンダーは違う概念だということを知ってか知らずか、セックスに一元化しています。さらに、雌雄同体になることが平等などと、ありえない一律化を「平等」としています。「平等」は多様な生き方を選べる社会の中で、すべてが生きやすい生活を確保することです。

このような声を上げる人たちは多くいるのでしょうか。この人たちは何にそんなに怯えて今の時代(男性優位社会)に固執しているのでしょうか。あるいは、押し寄せてくる男性の貧困問題に不安を抱いたり、昔なら大威張りで上司風やおやじ風を吹かせられたのに、それも今ではできないのを残念がったりしているのでしょうか。そんなに男性は女性に比べて能力が高いと何ゆえに思うのでしょうか。子どもを産むことは平等の扱いをできない理由になるのでしょうか。以下のようなコメントの

中で「これじゃ日本は何年かかってもいまのまま変化しない」と嘆いている声もあります。もちろん「僕フェミニストです。それが何か？」という声もありますが、これらのフェミニズムに対する嫌悪感は、現状に何らかの不満を抱いている人には、極めて伝搬しやすい、同調しやすい誘い水のような存在です。それらの気持ちも含めてすくい取って理解してもらう丁寧な方法が、非常に重要だと切に思います。

- 男女の違いを認識したうえで、「何をもって平等か」を定義すべきだ。
- 体力の違いや、出産、育児など違いを明確にして平等を定義しないと、「平等」を耳障りがよく都合が良い言葉として使われる。
- 古来、日本人の大半は農民だった。その農民の嫁は出産の数日前まで田んぼに出るのが当たり前の共働きだから男女で上も下もなかった。その一方、男尊女卑なんてのは明治になって日本の一部の階層でしかなかった武家や西欧の風習が広まったんだが。
- 普通に女人禁制あったんだから中世から男尊女卑はあるでしょ。農家も商人も跡継ぎは男だし。
- それな。そういうのを生かして受け入れあって生きていきなさいという神様の思し召しなのに。
- 雌雄同体に進化。
- 無限に生きる。分裂する。同化する。神！
- どうせ数年後には飽きてジェンダーも語られなくなるでしょ。
- 雌雄同体ならそもそも単一生殖つか、ただの分裂で、遺伝子が劣化するから絶滅ものね。馬鹿かと。
- 君んとこの中学校では「雌雄同体の植物は絶滅する」って教えてたん？なんとまあ。
- 300年後にはちんちんとまんまんを強制で取っちゃうのか　怖い怖い。

- 300年後にはそもそも人類が滅亡してるだろ　これだけ自然破壊してるんじゃな　下手すりゃ数年後だぞ。
- 300年後には女性の身体能力が男性に追い付くってこと？
- 同性生殖か単体生殖　あるいは生殖を廃止してクローンのみ　個体差を無くすまで平等は実現しない。
- イスラムが300年ぽっちで折れるかね…
- 1000年以上もアラーだ　聖戦だ　女は奴隷だとか言ってる連中にはどだい無理な話だわな。
- その頃国連ないだろ　宗教とかテロで理不尽に虐げられる以外まで正そうとする意味あんの？　その土地に任せてよくないか。
- その前に人類が亡びそう。
- 創造主のルールを超えるね。その時代には、もはや人は神と等しくなる。
- DNA改変して性別無くすのか？ wwwwwwww
- ミジンコならどちらにもなれる　どうでもいい時はオスが増えて環境が悪くなるとメスに変わる。
- トイレも銭湯も入口一個になるってこと？
- スポーツは男女一緒にしたら男が勝っちゃうよ、良いんかな？
- 悪魔主義者達の考えるアジェンダきもすぎる。
- 環境変化が無いと、メスだけになるんだよな。
- スポーツ界で元男のジェンダーさんが女の世界記録破りまくって欲しいわ。
- 男が子供産めるようになるまで無理だろう。　　　（以上、原文ママ）

などなどと奔放に女性の人権を無視した発言が続いています。この発言が今、女性を差別し、女性を傷つけていることがどうしてわからないのでしょうか。鈍感です。これらの投稿者がその愚かさを自覚し、世の中の見方をがらりと変えることがない限り、差別はなくならない！　無自覚な差別ほど悪いものはありません。投稿者自身がその一端を担っている自覚をまず持つことです。

ツイッターなどのSNSやインターネット掲示板など「同じ傾向・思想の人とつながることができる」場に起こりやすい現象です。自分とは異なる考え方を排除することにつながり、閉鎖的で過激な行動へとつながりやすくなります。

女性にも男性にもフェミニズムは重要なテーマです。なぜならすべての人が自分らしく生きていく社会をつくりあげるのがフェミニズムなのです。アプローチの方法はいろいろあるでしょうが、すべての人が自分らしく生きていく社会をつくりあげるのがフェミニズムであることを根底に置いて、そのことを知っていれば「フェミニズム」「フェミニスト」に対してマイナスなイメージを持つ人は減るのでないでしょうか。

フェミニズムとは「男女同権」「男女平等」を主張することです。女性だからということで差別されたり、区別されたりすることのないように生きていく、それだけのことです。性差別はいまだに多くあります。特に日本では「女だから」とよく言いますし、「女らしさ」という枠で評価することがあります。男性からセックスの対象、性的なはけ口として見られることに対してフェミニズムは否定します。また反対に「男らしさ」や「男なんだから」と言われて泣いたりするのを咎（とが）めたりするのもまたフェミニズムではよしとしません。

フェミニズムは本書で取り上げたアートの世界にもその他の分野にも大きく広がってきています。それは男女の性別にかかわらず、性同一性障害や同性愛、すべての性別に関する問題として語られるようになっています。それほどまでにフェミニズムが常識として浸透しているのです。

フェミニズムは男性と同じように権利を得る、あるいは男性と同じ待遇で社会的にも評価されるようにするという運動であり、このフェミニズムとは、基本的人権の一つであり、男女関係なく人は平等に扱われるべきであるということです。

日本では、まだまだフェミニズムの浸透が不足だと感じるのですが、フェミニズムとは男女平等を実践すること、男性の家事参加や育児参加、女性の職場での権利や給料など男性との差をなくすことを考えている人は、フェミニストなのです。イクメンもフェミニストです。「私はフェミニストじゃないです」なんて言ったら、ともに同じ地平を生きていこうとしているあなた、自分を否定することにもなりますよ。フェミニズは男女ともに、さらに幸せな生き方を目指すことなのです。

河野真太郎著『新しい声を聞くぼくたち』より

2022年5月に出版された『新しい声を聞くぼくたち』の帯の裏表紙側には以下のような紹介文があります。

> このタイトル「ぼくたち」＝複数の男性からなる均質的な集団がいて、外からやってくる「新しい声」＝フェミニズムの声？ に耳を傾ける、ということにとどまるものではありません。それが求められているのは確かです。現在ジェンダーやフェミニズムの問題とされていることのほとんどは、**実は「男性問題」であり**、新たなフェミニズムが波となっている現在、男性たちがその「新しい声」に耳を傾け、自分の問題としてそれに取り組むことは絶対に必要です。ですが、そのような男性主体はひとつのもの（均質的なもの）ではありえません。男性たちを分断させる複雑な線が走っており、それが何なのかを、安易な解消を拒みながら慎重に見ていく必要があるでしょう。ですから「ぼくたち」というのは最初から与えられた均質的な集団の名前ではないのです。

そして帯の表表紙側には、いちだんと大きな文字で重要な一言が記されています。「変わっていく世界と、ぼくたちのいらだち。」「与えられた剣と鎧はどうやって手放したらいい？」と。

著者はこの本で、これからの男性の生き方を探し、「新しい男性性」を提案しています。まず、従来の男性にありがちだった援助を得て自分が成功していくというタイプをモデルにするのではなく、誰かの助力者となることの喜びを味わえる男性になることだといっています。これが新しい男性性だともいっています。新しい男性性は、介護ができるし、イクメンです。そのうえコミュニケーション能力にも長けているのです。このような男性は新しい社会への参加を実感できる人だともいっています。そんな新しい男性性が、コミュ力（コミュニケーション能力）で新しい社会を育んでいくといっています。

「男性問題」の解決は、今までのように、新しい声に耳をふさいで聞こえないふりをすることからは生まれない

先ごろから話題の芸能プロダクション「ジャニーズ事務所」の創業者・ジャニー喜多川の男児への性加害問題でも、見出しの言葉と同じことがいえると思います。決して耳をふさいだまま放置して解決の方向が見えるものではありませんでした。性加害は60年も前から指摘され、2度まで裁判で取り上げられてきた事件でした。それなのになぜ、被害は止めらないままだったのでしょうか。

女性たちは「# Me Too」運動で、会社や教育現場、司法、政治家、そして入管、芸能界、マスコミ界など、日本のあらゆる分野でのセクハラ、パワハラなど人権の軽視について、声を上げてきました。もちろん世界中で声を上げていますし、それに共感し応援しています。この動きは、女性だけの問題ではなくて、男女を問わずほぼすべての人に問いかけられ、求められていることです。これは弱者の立場に置かれるすべての人の人権と尊厳の問題だからです。自由と尊厳を回復する活動です。ジャニーズ加害に勇気を持って訴えたことが大きな動きとなって、国連に影響が届きました。2023年8月4日、午後3時、国連の人権理事会の専門家が会見しました。「ジャニーズ事務所のタレントがからむセクシャルハラスメント被害者との面談で、タレント数百人が性的搾取と虐待に巻き込まれるという、深く憂慮すべき疑惑が明らかになった」「ジャニーズ事務所は外部の専門家による再発防止特別チームを作っているが、その調査に懸念がある」、さらに「この問題を報じてこなかったメディアにも責任がある」と発表しました。「メディアは不祥事のもみ消しに加担した」と言及しています。調査の結果は来年6月、国連人権理事会に報告されます。

国連側の会見終了直後、同じ会場に、「ジャニーズ性加害問題当事者の会」のメンバー7人が姿を現し、「私たちは、被害者は4桁に達するのではないかと思う。人類史上最悪の性虐待事件がようやく、35年たって明るみに出た。この機会を今日得たのだ」「一人から始まって大きなうねりになった」と話しました。性加害の問題は、日本の事なかれ主義、長いものに巻かれる主義、弱者を切り捨てる、強者に媚びる（忖度）文化と大いにかかわっています。

あなたは大丈夫？　そんな文化の被害者じゃない？　場合によっては気づかずに加害者じゃない？　ある評論家は「男の子が性被害にあうなんて考えたことがなかった」と言いました。これってもう鈍感すぎる加害者です。このような社会を日本独自の文化と開き直って受け入れ続ける限り、この国の発展は望むべくもありません。

ジャニーズ性加害問題当事者の一人が語っています。「才能をまっすぐにぶつけられる未来がほしい」と。男も女もすべての人が、才能をまっすぐぶつけられる社会がほしい！　そのために誰をも見捨てないフェミニズムの考え方とフェミニズムを実行する力（エンパワーメント）が重要になります。新しい男性性と新しい女性性の新しい連帯です。

再度、第3章で引用した若桑みどりさんのフェミニズム論を掲載して結びの言葉とします。「私にとってのフェミニズムは、かつて男性が作った、男性による、男性のためのあらゆる枠組み、社会、経済、法律、日常生活、感性の領域に至る枠組みの中に、あきらかにはっきりと女性が人類の対等な相手として、参入し、そのことによって枠組み自体を大きく変えなくてはならないという、全体の枠組みのチェンジの志向です。それが私にとってのフェミニズムです」「フェミニズムは一部の人の女性拡張運動ではありません。一部の女の人の権利獲得のヒステリックな叫びでもありません。男性社会の中で女性の権利を拡張することはフェミニズムの中のほんの一部にしかすぎません。従来の西欧中心の近代社会の枠組みの中で導き出されてきた一元的な価値基準というものを組み替えようという動きというのが最も本質的なことなのです」(『もうひとつの絵画論』p.12)。

今後、女性たち自身が、どう生きるのか、なぜ描くのか、何を描くのか、どう描くのかを吟味しながら、訓練・トレーニングを積みながら自分の能力開花に立ち向かっていくことが基本です。そのうえで、個人的努力とともに社会的枠組みを変え、教育施設、トレーニングを充実させ、社会的にも家庭的にも女性役割から自由になることが必要です。このことは芸術・「アート」の分野だけに限ったことではありません。個人的と見えるあらゆる事象は社会的側面（政治的側面）をあわせ持っています。個人的なことは社会体制の反映でもあります。そのことを言い表したのが「個人的なことは政治的なことである（The personal is political）」という言葉で、1960年代からもうかなりの年月を経ましたが、アメリカのフェミニズム運動のスローガンとして運動を牽引してきました。そして今も生き続けています。

「個人的なことは政治的なことである」は、これからますます課題となる黒人やそれ以外の有色人種、ゲイ、レズビアンなどの差別解消や待遇改善にも極めて有効です。「個人的なことは政治的なこと」は女性の問題だけを対象としているのではないのです。フェミニズムはみんなのものなのです。

男性だけが家族の主権を握り、生産活動から女性を引き離し、子どもを産むこと、生命の再生産だけに女性の役割を限定したときに、女性は創造の主体であることから意識的、組織的に、徹底的に退けられてしまいました。それが過去の歴史です。それをはねのけるためにも、そこに抗った多くのフェミニズム活動を実践した女性フェミニスト、男性フェミニストのためにも、今を生きる女性たちの勇気が待たれます。これから、自分の変革と社会の変革を担い続ける女性と男性であり続けよう！

フェミニズム・アートは男性中心主義視点による作品や美術界、社会に対する問題を提起し、多様性を認める転換を図ることを目的にした活動なのです。フェミニズム・アートは“自由”をつくり出します。

おわりに

私は春が好きです

「季節の中でいつが好き？」と問われることがありますよね。そんなとき私はいつも「春が好き」と答えていました。小高い山の中腹に家があった小学生時代、学校帰りの道すがら、むせかえるような若葉の刺激の強い香りが、私の毎日のやる気の源でした。あっちにもこっちにも鮮やかなライムグリーンのピンと元気な若葉、一夜で10センチほども伸びる今年の枝、「ワーッすごいエネルギーや」と思っていました。そして宿題でもないのに、画用紙にむせかえる若葉の木々を描いていました。

お宮さんの赤い鳥居を入れたり、大和三山（天香具山，耳成山、畝傍山）と大和川を描き込んだりして、とても幸せな時間を過ごしていました。そのとき、水彩絵具を油絵のようにこってり、こってり、どろんこ遊びのように塗りつけました。瞬く間に変化する色彩にワクワクしていました。親には内緒だったのに、しばらくして、絵具代が高くつくと禁じられてしまいました。それはちょっとした挫折でした。大人になってから、やっぱり油絵を描きたいと思ったのは、そのときのガマンをなんとか晴らしたいと思ったからというのもあります。それに水彩画・日本画より、ヨーロッパ文化にあこがれていたし、なんといってもゴッホのように描きたかったのです。でも長らく油絵とは、お別れになりました。

1週間のうちの何時間かだけでも絵を描きたいと土曜の夜から日曜の朝まで描き始めたのは、それから30年近く後のことでした。でも家族からの猛烈な反対で、匂いがきつい（今の絵具はほとんど匂いはないのですが)、家具に絵具がいっぱいついているなどなど言われました。仕事も忙しくなってまた中断。そして仕事をリタイアしてやっと再開にこぎつけたのです。今は家族がいなくなって、家中すべてがアトリエ状態。好き勝手に空間と時間と絵具も使っています。100年も前に、イギリスのヴァージニア・ウルフが言ったように「女性が創作活動をするには、自分一人の部屋と少々のお金が必要」というのはほんとに確かなことだと思います。

カタカナ語としての「アート」に期待

私なんぞのように趣味で絵を描いているだけの者でも、フェミニストを自称している人間には、今も絵画の世界は混迷の限りだと思います。「ヌードモデルで絵を描いていればFINE ARTをやっている」という傾向はやや減っているように思いますが、相変わらず、19世紀ヨーロッパ絵画を中心と考える教師の教室が多いと思います。公募展でも審査の方法は明らかにされませんし、女性の審査員は少ないし、フェミニズム・アートの勢力は海外を中心に広まっていると聞きますが、私のところまではなかなか来ません。まだまだ古い「芸術家」層が多くの高い地位を占めているのは、政治の世界とよく似ているかもしれません。

しかし、今新しい動きが来ています。芸術という重たい言葉に代わって「アート」という軽やかで市民感覚を持つ言葉が広がってきています。今のところ、この言葉は使う人によってさまざまな解釈をされていますが、多様性を広げています。アートの定義はまだ固まっておらず、一人ひとり違っているともいえます。しかし基本的には、アートは、人を感動させるもの。人間性を豊かにしてくれるもの。何かを考えるきっかけになるものです。「アート」、それに同じように活動を重ねる「フェミニズム・アート」は変化を巻き起こす可能性を持っています。実際のところ、それだけのものをつくるには、高い技術、スキルも必要なことでしょうが、にもかかわらず、現在のアートには、今までの伝統芸術のような繊細さ、美しさ、洗練さが足りないかもしれません。デッサン力が完璧とはいえないかもしれません。しかし、それらはITなどのテクノロジーの進化に任せるのがよい場合もあるかもしれないのです。テクノロジーの進化に応じて、アートの表現も多様化、高度化していくこともあるでしょう。

何よりも重要なことは、「アート」はこれからの新しい時代を切り開こうとしているということです。今までの世の中の仕組みを変えるのは「芸術」ではなく「アート」だというのは確かなことです。ときの権力者の庇護のもとにあった「藝術」や「芸術」ではなく、そこから抜け出し市民がつくり出した「アート」だからこそ、「アート」は新しい未来と新しい表現方法を模索するのです。アートは人類にとって「未来」を考えるきっかけを与えてくれるものです。そこに加わる「フェミニズム・アート」は、さらに、人類の進歩に続く扉を開くものです。

「アート」にはコミュニケーションが重要

アート作品を通して、コミュニケーションが生まれること、そのことが「アート」の醍醐味です。これは「芸術」にはなかったことです。アートは、人を感動させる力のあるもの、忘れがたいもの、人間性を豊かにしてくれるもの、あるいは何かについて考え始めるきっかけをくれるものです。それを分かち合うのが「アート」です。そして人の心に深く入っていくのです。アーティストは自分の作品について何を伝えたいかを伝えたいと思います。そこで、なんらかの対話が生まれます。アートの本質は、人とのかかわりを持つということです。人と人が「アート」を介してかかわりを持ち、広げます。「フェミニズム・アート」は、そこから新しい時代を市民レベルでつくりあげるのだと思います。

「おわりに」を書く今になって、結局のところ「アート」が「芸術」

に置き換わっていく過程を現在、歩んでいるのだと感じています。そして「アート」が大いにフェミニズムを吸収し、フェミニズム・アートがこよなく充実していき、フェミニズム・アートが人々の心を満たすのだろうと思います。

でも私はどちらにも属することができていないのかもしれません。むしろここで露わになったのは、一人の素人絵描きの女性がヌードモデルに直面した頃からの心の葛藤のプロセスを吐き出しただけのものになったのかもしれないということです。美術の歴史を飾った根底にあった権力構造や家父長制的な構造の崩壊を切に望んできました。それでいて新しい未来のアートにたどり着く見通しも立ちません。そこでやむなく、次の世代にすべてを託して、次の世代に大いに期待して、これで終わりとします。これで最後にします。

参考文献

●書籍・雑誌

中山公男・高階秀爾企画・監修『全集 美術のなかの裸婦』（全12巻）集英社、1980

ケネス・クラーク著、高階秀爾・佐々木英也訳『ザ・ヌード』ちくま学芸文庫、2004

ケネス・クラーク著、富士川義之訳『名画とは何か』白水社、1985

高階秀爾著『名画を見る眼』岩波新書、1969

キャロリン・コースマイヤー著、長野順子・石田美紀・伊藤正志訳『美学――ジェンダーの視点から』三元社、2009

日向あき子著『ヴィーナス変貌』白水社、1982

海野弘著『魔女の世界史――女神信仰からアニメまで』朝日新書、2014

ジュール・ミシュレ著、篠田浩一郎訳『魔女（上・下）』岩波文庫、1983

森島恒雄著『魔女狩り』岩波新書、1970

上山安敏著『魔女とキリスト教――ヨーロッパ学再考』講談社学術文庫、1998

苫米地英人著『現代版 魔女の鉄槌』フォレスト出版、2011

牟田和男著『魔女裁判――魔術と民衆のドイツ史』吉川弘文館、2000

コリン・ホーキンズと魔女1名著、柳瀬尚紀訳『魔女――魔女談なんて、ま、冗談？』サンリオ、1985

池上俊一著『魔女と聖女――ヨーロッパ中・近世の女たち』講談社現代新書、1992

ジャン-ミシェル・サルマン著、池上俊一監修『魔女狩り』創元社、1991

池上俊一著『増補 魔女と聖女――中近世ヨーロッパの光と影』ちくま学芸文庫、2015

岡田温司著『マグダラのマリア――エロスとアガペーの聖女』中公新書、2005

『イスラームとは何か――世界史の視点から』（別冊『環』4）藤原書店、2002

菊地章太著『エクスタシーの神学――キリスト教神秘主義の扉をひらく』ちくま新書、2014

ひろさちや著『キリスト教とイスラム教――どう違うか50のQ&A』新潮選書、1988

アレヴ・リトル・クルーティエ著、篠原勝訳『ハーレム――ヴェールに隠された世界』河出書房新社、1991
シモーヌ・ド・ボーヴォワール著、『第二の性』を原文で読み直す会訳『決定版 第二の性 I 事実と神話』新潮文庫、2001
日本聖書協会共同訳聖書実行委員会訳『新共同訳聖書』日本聖書協会、1987
ガエタン・ピコン著、鈴木祥史訳『近代絵画の誕生 一八六三年』人文書院、1998
渡辺和子・女性学教育ネットワーク編著『キャンパス・セクシュアル・ハラスメント――調査・分析・対策』啓文社、1997
P・F・ドラッカー著、上田惇生訳『ネクスト・ソサエティ』ダイヤモンド社、2002
水田玉枝著『女性解放思想史』筑摩書房、1979
ケイト・ミレット著、藤枝澪子訳『性の政治学』自由国民社、1973
ベティ・フリーダン著、三浦冨美子訳『新しい女性の創造』大和書房、1970（原題『女らしさの神話』）
荻野美穂著『女のからだ――フェミニズム以後』岩波新書、2014
J・アンダーソン・ブラック／マッジ・ガーランド著、山内沙織訳『ファッションの歴史（上・下）』PARCO出版、1985
C・A・マッキノン著、柿木和代訳『ポルノグラフィ――「平等権」と「表現の自由」の間で』明石書店、1995
レイチェル・イグノトフスキー著、野中モモ訳『社会を変えた50人の女性アーティスト』創元社、2021
女性学研究会編『女性学をつくる』勁草書房、1981
渡辺和子・金谷千慧子／女性学教育ネットワーク編著『女性学教育の挑戦――理論と実践』明石書店、2000
三木草子／レベッカ・ジェニスン編『表現する女たち――私を生きるために 私は創造する』第三書館、2009
若桑みどり著『女性画家列伝』岩波新書、1985
若桑みどり著『イメージを読む』ちくま学芸文庫、2005
若桑みどり著『名画を読む――イコノロジー入門』NHKブックス、1993
若桑みどり・萩原弘子著『もうひとつの絵画論――フェミニズムと芸術』ウイメンズブックストア松香堂、1991
リンダ・ノックリン著、坂上桂子訳『絵画の政治学』ちくま学芸文庫、2021
北原みのり責任編集『日本のフェミニズム――since 1886 性の戦い編』河出書房新

社、2017
『美術手帖』2021年8月号（特集 女性たちの美術史）美術出版社、2021
『美術手帖』2020年4月号（特集 表現の自由とは何か？）美術出版社、2020
『美術手帖』1999年12月号（特集 日本・未来・美術）美術出版社、1999
『美術手帖』1991年4月号（特集 フェミニティのゆくえ――「女性」とアート）美術出版社、1991
『美術の窓』2022年4月号（特集 美は絵肌に宿る）生活の友社
『美しきヌード絵画の世界――19～20世紀を彩った裸の女性たち』総合図書、2014
高階秀爾著「裸婦画の系譜Ⅰ　その成立と展開」『THE NUDE 西欧美術にみる裸婦の系譜Ⅰ』中央公論社、1984
中原佑介編著『ヒトはなぜ絵を描くのか』フィルムアート社、2001
ドミニク・パケ著、石井美樹子監修『美女の歴史――美容術と化粧術の5000年史』創元社、1999
三田晴夫著『教養としての近現代美術史』自由国民社、2019
ホーン川嶋瑤子著『女たちが変えるアメリカ』岩波新書、1988
渡辺和子著『アメリカ研究とジェンダー』世界思想社、1997
藤枝澪子・松野潔子他著『英語で読むアメリカのフェミニズム』創元社、1991
マギー・ハム著、木本喜美子・高橋準監訳『フェミニズム理論辞典』明石書店、1999
日本ヴァージニア・ウルフ協会／河野真太郎・麻生えりか・秦邦生・松永典子編『終わらないフェミニズム――「働く」女たちの言葉と欲望』研究社、2016
レスリー・R・クラッチフィールド／ヘザー・マクラウト・グラント著、服部優子訳『世界を変える偉大なNPOの条件――圧倒的な影響力を発揮している組織が実践する6つの原則』ダイヤモンド社、2012
Guerrilla Girls, *Confessions of the Guerrilla Girls*, Perennial, 1995
濱西栄司著『トゥレーヌ社会学と新しい社会運動理論』新泉社、2016
吉武輝子著『炎の画家 三岸節子』文藝春秋、1999
三岸節子著『花より花らしく』求龍堂、1977
清水晶子著『フェミニズムってなんですか？』文春新書、2022
河野真太郎著『新しい声を聞くぼくたち』講談社、2022
鈴木尚子編『現代日本女性問題年表　1975～2008』ドメス出版、2012
原ひろ子・田中和子・舘かおる・須田道子編『読む事典・女の世界』新曜社、1987
矢澤澄子監修、横浜市女性協議会編『女性問題キーワード111』ドメス出版、1997

柏木宏編著『コロナ禍における日米のNPO――増大するニーズと悪化する経営へのチャレンジ』明石書店、2020
金谷千慧子・柏木宏著『未来を切り拓く 女性たちのNPO活動――日米の実践から考える』明石書店、2019

●論文等

永山貞則・田中敬文「芸術文化とNPO」『文化経済学』1(4)、1999
渋谷博史「アメリカの芸術文化支援――『小さな政府』と民間主導」『立命館経済学』59(6)、2011
岡部一明（東邦学園大学）「新しい公共とNPO――NPOが担う『新しい公共』と新しき社会教育の時代」、2013
山岸秀雄（法政大学名誉教授）「NPO法20年　その意義と未来は」（NHK「視点・論点」）、2018
高安智之（財団法人自治体国際化協会 交流支援部経済交流課）「ニューヨーク市におけるNPO事例調査――日本のNPOセクター強化のために」、2012
萩原弘子「表現の不自由、不平等とは」大阪府立大学女性学研究センター論集『女性学研究』5、1997

索　引

ま

や

ら

わ

フェミニズム・アクティビスト金谷千慧子のプロフィール

1. 疎開先で「めろんこ」と

第二次世界大戦末期、昭和20（1945）年3月、大阪大空襲の数日後、父親を残して石川県の田舎に疎開しました。豊中から見る大阪市内の夜空は真っ赤で、足がわなわなと震えました。北陸の田舎での女性の生き方には「イヤ」と思うことが数々ありました。早くここから逃げ出さないとという気持ちは大阪生まれの母も同じでした。女の児は「めろんこ」と呼ばれます。蔑視語です。「めろんこのくせに（めろんこだーに）」と何度も言われたものです。「めろんこだーに」とはやしたてられ、樹から飛び降り、大けがをしたこともあります。盆踊りは村の最大イベントですが、踊りの輪は二重になっていて、嫁候補を探すおばあたちが輪の中心を陣取って年頃の娘を吟味します。その後、矢継ぎ早に祝言があります。20歳までに嫁に行くことが村の常識です。子どもやその他は外の輪を踊ります。夜が明けるまで踊ります。

田舎を早々に逃げ出して奈良県で小学校時代を送りました。宿題でもないのに、初夏の緑豊かな木々をその匂いまで吸い込んで絵を描いていました。学校ではよく褒めてもらいました。表彰状も増えました。調子に乗ってきました。絵が好きだった父親は私をよく写生に連れて行きました。私は「うまいなー」と見ていただけ。でも作文や工作などそこそこできて足も速かったので、絵を描くことを仕事にとまでは思わなかったのです。けど、「大人になったら何になろう？」と、いつもそう思いながら日々を過ごしていました。星空を眺めて天文学者になりたいと思ったり、詩人になりたいと思ったり、学校で演出まがいのことをして、演劇の世界に進みたいと思ったこともあります。そんな健康優良児でした。小学校の先生が褒めてくれるのは将来を決定する大きなアドバイスになると思います。

2. デゴイチ（D51）で汽車通学。大人の本もどんどん読む

中学校は大阪市内の南中学校へ越境入学で汽車通学。一日往復3時間。デゴイチ（D51）は煙と石炭ガスを吐きまくります。制服の白の襟はすすだらけ。顔を突き出して物思いにふける時間。大人の本もどんどん読む時間。汽車はヤミ米を運ぶ屈強な大人たちに占拠されます。摘発されそうになるとコメをすべて外へ放出します。そのあわただしいこと。大阪みなみの同級生には芸者の子や心斎橋の老舗のぼんぼん、靴磨きの子もいました。私は社会派になっていきました。中学生の主張が新聞に載ると父親は、「この子は社会党になるのかも」と言って新聞を同僚に見せまくっていました。私はテニス部で熱狂していました。かっこいい先輩もいました。

3.「絶対仕事は辞めない！」と決意

高校は両親も希望だった夕陽丘高校に進学。芸術を選択する科目がありました。音楽と書道と絵画から一つを選ぶのですが、音楽はピアノがないからと考慮の外、絵画を選びたかったのですが、油絵具なんて高くて買えないとの母親の一言で却下、書道になりました。新聞紙で練習・練習。家庭内では、以前は仕事を持っていた専業主婦の母親のいらだち、不倫を繰り返す父への怒り、離婚しても自立できない状況へのいらだちが自分の将来とも重なって迫ってきました。私はますます革新的に

なっていきました。

「絶対仕事は辞めない、結婚しても子どもができても仕事は辞めない。離婚して子どもを十分育てられるような仕事に就く」。これは固く、固く、決意していました。だから必ず大学へ行くと。

しかし大学へ行けば解決するようなことではなかったのです。もっともっと厳しさは明確になってきました。女性はほとんど結婚・出産で仕事を辞めるとか、子どもを預けるところがない……という現状が、母親大会へ参加するなどでわかってきました。

4. 母の最期、「私より30年、新しい生き方をしてね」

その後、母親は卵巣癌になり「もう病院はいや、家で死ぬ」と言って自宅療養。私は休学届を出して付き添いました。腹水から流れた血だらけのタオルを素手で洗っていて「これって、私もウツルのかしら」と恐怖。昔の癌は死に病でした。命尽き果てるという状態で苦しんで亡くなりました。まだ40代だったのです。「私は死んでもお墓はいらないから。白い百合が咲いたら思い出してくれたらそれでいいよ」「私より30年、新しい生き方をしてね」「あなたが保育所をつくってでも仕事を続けるという、その保育所でほんとは私も働きたい」と言って静かに毛布を引き上げて泣きじゃくっていました。私は、泣かずに朗らかに生きたい。私は健康に生きていきたい。私は幸せに生きていきたい。母を見送って決意しました。素朴なフェミニスト誕生です。

5. 彼と知り合ったのは「学生演劇」

女子学生が必要だからといって駆り出されたのはロシア語の語劇祭で

した。懇親会から始まり練習期間は1か月以上ありました。演劇は恋を育てる適切な場だと思います。自分以外の役を生きるのが演劇ですから、現実を容易に飛び越え、仮想の世界に飛び込みやすい素地があります。事実、本番の日には私はもう彼の姿をずっと追い求めていました。新しい何かが始まる気配でした。幕が下りて、彼は「僕を、信じて！」と私の手を握り締めました。その手の力強くて熱かったこと。その後、彼はロシア語の翻訳や評論を仕事にしようとしていたのを変更、弁護士の道を選びました。弁護士も社会変革の道だし、何よりも生活を安定させるためにと。

私も勉強することにしました。もっともっと恋も勉強も高みへと決意しました。彼は京都大学法学部へ、私は大阪市立大学法学部へ学士入学。私は、法律と女性の地位の向上のあたりを仕事にしようと大雑把に考え始めました。結婚したのは彼が司法試験合格後、知り合って7年後のことでした。しかし姓を変えるのはやはり抵抗感がありました。私は自分の大学院生の名刺を表札代わりに貼りました。彼はロシア哲学、文学、音楽を、レーニンをもこよなく愛していました。今のプーチン政権のウクライナ侵攻という蛮行を知ったら、どんなにがっかりするだろうかと思うと、知らずに亡くなった（2021年5月）のはよかったのかなと思います。

6. 会費制の披露宴と家事分担を宣誓した誓いの言葉

バレンタインデーといわれる2月14日が彼の誕生日でした。学年末の試験もだいたい終わっている頃なので、この日に中華料理店で会費制の披露宴をすることにしました。誓いの言葉は「憲法24条（婚姻の自由）」を2人で読むことと、家事労働の分担を宣誓することにしました。われわれにとって家事分担はその後も争いの種でしたが、参列者の前で宣誓するのに、最もふさわしいテーマでした。「掃除と洗濯は夫が、食事は妻が」という内容で、「これに違反して2人が別れるに至った場合には、家の保証金は妻(2)：夫(1)に分けること」というものでした。会場は大笑いしていましたが、私たちは真剣そのものでした。結婚と同時に家事が女性にふりかかるという発想を持っていなかった私は、「こんなはずではなかった」「私はそんな約束をしていない」という思いで、闘いに挑むという出発でした。最初に出版の形でまとめようと思ったのも「主婦の家事労働論」で、竹中恵美子編『現代女子労働論』（創元社）に収録されました。その後は女性と労働についてのさまざまな課題をまとめては出版を繰り返していきました。

家事分担の果てしない闘いのほかに、いずれ子どもを持ったときに、預けるところがなくて仕事を辞めなくてはならないことがないようにと、無認可共同保育所づくりにも積極的に参加しました。結果的にわが児に無認可保育所が間に合いました。運営の責任ものしかかってきました。

7. 世界へ飛び出していった私

彼の全身全霊の応援を得て私は浮上し始めました。世界へも飛び出しました。なんといっても「国連婦人の10年」（1976〜85年）で世界中の女性たちの集まり「国際女性会議」に4度（コペンハーゲン、ナイロビ、北京、ソウル）参加できたことは、フェミニストとしての成長を確実にしました。海外への出発は新幹線に乗るのと変わりない感覚になり、毎年、女性問題の海外視察を繰り返しました。世界中の女性が幸せにならないと女性問題は解決しないのは明白でした。「一人はみんなのために、みんなは一人のために」です。私は一生女性の解放に力を尽くそうと決意していました。自分の子どものために無認可共同保育所づくりとその運営、公立保育所のお迎えの時間の延長、給食の充実、保育行事への父母の参加、学童保育づくりなど、働く環境づくりは次々と改善の方向へ向かいましたが、肝心の仕事として女性の解放をどう実践するかについては見通しがなかなか立ちませんでした。子育て中の司法試験は失敗ばかり。

大学への就職は男性院生優先、非常勤講師もなかなかという現状。温かい巣から出始めようとすると、家庭内の抵抗はやはりそれなりに出てきます。

8. そうだ、「NPO」になろうと決めた

アメリカでは非営利のNPOが、社会で大きな役割を持って活動しています。立ち上がった民主党政権（2009年9月）は「新しい公共」政策として、地域住民やNPOが主体となり公共サービスを提供する政策を大々的に打ち出しました。そういえば今までやってきた「金谷研究室（調査研究）」や「主婦の再就職センター」「女性と仕事研究所」は全部NPO活動だったのだと納得。よし、NPOを仕事にしようと明確に決めました。

1998年、NPO法が成立しました。東京と大阪に事務所を持ち、全国展開のNPO活動を始めました。国際的な活動も。5つの大学の女性学の授業を同時にこなし、飛行機で東京―大阪を通勤。東京にも住居を持ちました。講演活動も年間100回を超えていました。フル回転。アメリカでは非営利の活動団体が社会の大きな位置を占め、重要な役割を果たしている、日本もそうなってほしい。日本もやがてそうなるだろう、女性の活躍や男女平等も努力次第で実現できるかもしれないと使命感を持っ

て動き出しました。仲間も次々と集まってきてくれました。NPOの職場は男女平等をつくりやすい下地があります。女性が仕事で能力を発揮できるようにというミッションを持ち、収益活動をするということでは企業とよく似た活動をする事業型NPOでした。P・F・ドラッカーもそう言っています（『非営利組織の経営』1990年、『ネクスト・ソサイエティ』2002年）。自称フェミニズム・アクティビストは大活躍でした。24時間、365日、動いていました。NPO組織の世代交代は常に検討していました。

9．フェミニズム・アートに心動く

例年のごとく海外視察。チェコのプラハの街並みを前に戦慄が走りました。なんて美しい！　私の好きなワインカラーの屋根が軒を連ねる。悠々と流れるモルダウ河。1000年の歴史を持つ争いの絶えなかった街。歴代のすべての建築様式がそろう街。神聖ローマ帝国首都だった街。よくもこの美しい街並みを私たちの世代に残してくれたものだ。残すための努力はいかほどだっただろうかと感嘆のため息も出ました。

そしてこの美しいものを見た喜びを私も共有したい。絵に描きたいと切に思いました。高校生の頃見たゴッホ展の《糸杉》がよみがえってきました。血が沸きたぎってくるという感じです。

そういえば、と思い返してみると、能力開発の職業適性テストを私も何度もやってみたのですが、適正な職業には何度やっても「経営者」と「アーティスト」と出てきていたのです。おかしいな、「研究者」になぜならないのだろうと思いながらも「アーティスト」は納得していました。やっぱり私は「絵を描きたい！」と実感しました。

オフィスのすぐ近くの朝日カルチャーセンターの油絵教室を訪ねました。まだ仕事はリタイアしていなかったけど、週1回通い始めました。

油絵再スタート！ です。始めると、フェミニストとしてはいろいろぶつかるところはありましたが、絵を描くことはますます楽しくなりました。それが2013年春のことでした。そして今年2023年、10年がたちました。そして今この10年を少し振り返ることにしました。描き尽くしたキャンバスは300枚ぐらいになりました。

2014年春、無事次世代にNPOを継承し、私は約40年の仕事人生を終えることができました。NPOの繁栄と女性の人生が豊かであれと願うことは変わりません。ずっと人生の最後まで「フェミニズム・アクティビスト」として活動し続けたいのです。

10. 最高の喜び

2023年10月15日（日）から19日（木）、大阪市中央公会堂で、金谷千慧子のフェミニズム絵画展を開催することになりました。うれしい！ 一緒に走ってきた恩師や仲間と会えること、そりゃー、最高の喜びです。

《プラハの街》
女流画家協会展2022年度第76回入選

著者紹介

金谷千慧子（かなたにちえこ）（NPO法人女性と仕事研究所　前代表理事）

大阪市立大学法学部卒業、同大学院法学部・経済学部前期博士課程修了。1980年金谷研究室設置（研究会と調査活動の実施）、1986年主婦の再就職センター設立。再就職講座・相談事業開始。1993年女性と仕事研究所設立、2000年女性と仕事研究所NPO法人化、代表理事。2014年女性と仕事研究所代表を退職。

関わった審議会委員など：京都府女性政策推進専門家会議（委員）、三重県生活部女性活躍推進委員会委員（会長）、大阪府大東市男女協働社会懇話会（会長）、兵庫県少子化対策総合推進計画策定委員会（委員）、大阪府吹田市女性政策推進懇談会（会長）など多数。東大阪市立男女共同参画センター・ディレクター（館長）。

大学など：中央大学研究開発機構教授。京都精華大学、関西大学、同志社大学、大阪大学などの非常勤講師（女性学）30年。

著書：『未来を切り拓く 女性たちのNPO活動――日米の実践から考える』（柏木宏との共著、明石書店、2019年）、『「働くこと」とジェンダー――ビジネスの変容とキャリアの創造』（明石書店、2011年）、『未来社会をつくる女性の経営マネージメント』（中央大学出版部、2006年）、『企業を変える女性のキャリア・マネージメント』（中央大学出版部、2003年）、『21世紀の女性と仕事-対訳』（啓文社、1997年）、『わたし・仕事・みらい』（嵯峨野書院、1996年）、『わかりやすい 日本民衆と女性の歴史――女たちの三代を語りついで 近・現代編』（編著、明石書店、1991年）など単著・共著書多数。

油絵については、若いころ独立美術会員の堀口千鶴雄氏の教室に数年通った。その後仕事が忙しくなり中断。仕事リタイア後は油絵に没頭。再開後10年を経た。

本文・カバーイラスト　**久保田宏**

フェミニズムとわたしと油絵
――「描かれる女性」から「表現する女性」へ

2023年9月30日　初版第1刷発行

著　者　金谷千慧子
発行者　大 江 道 雅
発行所　株式会社 明石書店
〒101-0021　東京都千代田区外神田 6-9-5
電　話　03（5818）1171
ＦＡＸ　03（5818）1174
振　替　00100-7-24505
https://www.akashi.co.jp

装　丁　金子　裕
印刷・製本　モリモト印刷株式会社

（定価はカバーに表示してあります）
ISBN978-4-7503-5643-3